小津安二郎

晩秋の味

尾形敏朗

河出書房新社

小津安二郎　晩秋の味

◉

目次

＊文中、略記したものの詳細は以下のとおりです。
●『小津日記』→『全日記　小津安二郎』（田中眞澄編、フィルムアート社、一九九三年十二月）
●『語録集成』→『小津安二郎戦後語録集成』（田中眞澄編、フィルムアート社、一九八九年五月）
●『全発言』→『小津安二郎全発言（１９３３～１９４５）』（田中眞澄編、泰流社、一九八七年五月）
●『蓼科日記』→『蓼科日記抄』（「蓼科日記」刊行会編纂、小学館スクウェア、二〇一三年七月）
●『人と仕事』→『小津安二郎・人と仕事』（井上和男編、蛮友社、一九七二年八月）
●『人と芸術』→『キネマ旬報』一九六四年二月増刊・小津安二郎〈人と芸術〉

＊小津作品の引用は、『小津安二郎全集』（井上和男編、新書館、二〇〇三年三月）を基本に、映画から一部を採録しました。
＊引用の一部を新字体、現代仮名遣いにしました。
＊〔　〕内の小さい字は筆者註です。

装幀――友成 修
（データ作成・枠元治美）

小津安二郎　晩秋の味

第一章　人生のラスト・ムービー

映画関連の書籍が増え続けている中、日本の映画監督なら小津安二郎に関するものがいちばん多いのではないだろうか。映像から、主題から、生涯から、俳優から、書画骨董食物の趣味から、いろいろな方がそれぞれの立場で小津の魅力を語っている。自身の人生観照を重ねたシルバー世代の考察も多い。ネット上では小津ファンの熱心な発言も盛んだ。

私が小津の映画を意識して見たのは一九七三年十月、銀座並木座で見た「東京物語」（一九五三）と「彼岸花」（五八）だった。予備校をサボって映画館という学校に通う、宙ぶらりんの浪人生活を送っていた十八歳のときだ。「東京物語」には圧倒された。これまで見た映画とまるで違う。おそらく小津映画を初体験した大多数が、同じような言葉を口にするだろう。これから二倍、三倍もの人生を経るうちに、透徹した目で人生を見つめる、こんなおとなに自分がなれるものかな、と思ったものだ。

スポーツ紙の映画担当として小津の撮影現場に通った石坂昌三は『小津安二郎と茅ヶ崎館』（新潮社）で晩年の小津を次のように書く。

名匠の遺作『秋刀魚の味』のセットで会った小津の顔が、瞼にはっきりと残っている。「人生の達人」といった実に立派な老人の顔であった。

「もし生き長らえることができたら、小津のような見事な老人になりたい」と私は日記に書いている。

小津が亡くなった一九六三年十二月十二日、その命日が還暦六十歳の誕生日であったことはよく知られている。そして今、私はその没年齢を超えてしまった。いまだ小津の境地にほど遠く、軽くて恥ずかしい。同い年には明石家さんまがいる。六三年当時の男子の平均寿命は六十七・二歳（厚生労働省データ）。寿命の伸びは精神年齢とも比例するのだ、と勝手なことを言いたくなるが、では小津が「東京物語」を撮った四十九歳はどうなのだ。すでに大人《たいじん》の趣。当り前だが、ただ年齢を重ねれば小津の境地になれるわけではない。

小津映画について論じようとするとき、すでに没後半世紀を超え、取材すべき関係者には物故者も多く、証言や資料も限られてくる。しかしそれは、小津の歴史化と言えるにしても、決して小津論の終息を意味するものではない。これまでの小津研究や発言、資料をあらためて読み直し（もちろん全部ではない）もう少しこだわってみることで、あらたな小津論へとつなげていけないか。これは、ささやかな試みである。特に戦後から晩年にかけて、老境とか枯淡といった言葉がよく使われる小津の内面について考えてみる。前提は神格化よりも人間化である。

ちなみに「晩秋」という小津映画はない。

＊

「東京物語」は、これまで何回となく見てきた。そのたびに心情移入の対象が、子の世代からどんどん老夫婦側に近づいているのは実感としてある。

冒頭に尾道の風景が出てくる。材木店の前の道を子どもたちが登校していく。周吉（笠智衆）の家の近くの山陽本線の線路を上り列車が走っていく。それが終盤、周吉の妻とみ（東山千栄子）が死んだ後には、同じ構図で、誰も歩いていない道、列車が走っていない線路の風景となる。

日常の時間というものは、こうした不在（＝死）と無関係に過ぎてゆく。私がまるで「東京物語」のようだ、と思ったのは、父が死に、喪主として葬儀にのぞむ朝の感覚だった。親しい友人の急死を知った翌朝、通勤の満員電車から窓外の風景を見るときの感覚だった。いかに自分が大きな喪失感に襲われていても、ふつうに朝はやってくる。のどかに小鳥が鳴いている。乗客は体をぎゅうぎゅう押してくる。ふだんと何も変らない、そんな当り前のことが、とても悲しく思えてきた。

だからであろう「ああ、きれいな夜明けだった……今日も暑うなるぞ」と、とみが死んだ朝、周吉がつぶやく言葉に、嗚咽がとまらなくなったことがあった。

数年前の秋、尾道のロケ地を訪ねた。五時前に起き、周吉が夜明けを見た浄土寺の境内へと歩いた。瀬戸内の海を見下ろす同じ位置に立って驚いた。四国へとつなぐ尾道大橋と新尾道大橋が目の前に伸び、朝の光はその橋の間からさしこんでいた。
あらためて歳月を思った。風景は変る。しかし変らないものもある。「東京物語」撮影台本の製作意図には、シンプルに「親と子の関係を描きたい」とある。その基本テーマは「秋刀魚の味」まで終生つながっていく。

「秋刀魚の味」が公開されたのは亡くなる前年の六二年十一月十八日。小津五十八歳の作品である。

主人公の平山周平（笠智衆）は、妻に先立たれ、娘の路子（岩下志麻）と次男の和夫（三上真一郎）と暮している。長男の幸一（佐田啓二）は独立し、妻（岡田茉莉子）と団地に住んでいる。中学の同級生の河合（中村伸郎）や堀江（北龍二）とは、今も友情が続いている。ヒョータンこと佐久間先生（東野英治郎）を迎えてクラス会がある。佐久間は教師をやめ、場末で中華そば屋をやっていた。その店で平山は、海軍時代の部下坂本（加東大介）に再会し、近くのバーに誘われる。平山は、バーのマダムかおる（岸田今日子）に亡き妻の面影を見て、以後、顔を出すようになる。佐久間の娘・伴子（杉村春子）が婚期を逸して独身であることから、平山は路子の結婚をあらためて考えはじめる。路子は幸一の後輩の三浦（吉田輝雄）に好意を持っていたが、三浦は別の女性と婚約した。路子は河合がすすめる相手に嫁いでいく。結婚式の夜、酩酊して帰った家で平山は「ひとりぼっちか」とつぶやき「軍艦マーチ」（正式名称は「軍艦行進曲」）を口ずさむ。
「晩春」（四九）にはじまり、戦後の小津が「麦秋」（五一）、「彼岸花」、「秋日和」（六〇）といった作品で描いてきた娘の結婚話がここでも展開する。

「晩春」の曾宮周吉（笠智衆）が娘の紀子（原節子）と旅した京都の宿で「――お父さんはもう五十六だ。お父さんの人生はもう終りに近いんだよ。だけどお前たちはこれからだ」と言うように、当時の五十代には晩年の気分が漂っている。実際、当時の男子の平均寿命は驚いたことに五十五・六歳（厚生労働省データ）。

「秋刀魚の味」の平山周平の年齢設定は五十七歳。一九〇四年五月生れの笠智衆の実年齢にほぼ合っている。笠の父親役は、老けメイクをした「晩春」や「東京物語」などから、ようやく年相応になったわけだ。

小津を「先生」と呼んだ笠だが、小津と笠の年齢は半年ほどしか違わない。だから小津も、平山には同世代的な共感を素直に重ねる。過ぎ去った日々を懐しむ思いが、さらに色濃くなっている。その素材としてクラス会（中学時代）、坂本（海軍時代）、バーのマダム（若いころの妻）が用意される。

「秋刀魚の味」で佐久間先生は、クラス会の席で「みなさんあの中学校を出られて四十年、それぞれ立派になられて」と挨拶をする。田中眞澄編『全日記　小津安二郎』（フィルムアート社、一九九三年十二月）によれば、小津は実際、映画の前年の六一年、七月八日名古屋の松楓閣、九月二十九日大阪、十二月十四日田村町二見家とクラス会に三回も出席している。

五九年九月、小津は三重県立宇治山田中学時代の級友に宛て「無常迅速。もう一度中学生になり度いなあ」と懐旧の思いを素直に吐露している（級友たちが編集した私家版『小津安二郎君の手紙』より)。

私の場合でも、中学高校の同級生の集まり、仕事関係のOB会などは、たしかに多くなる。還暦や退職を名目に集い、昔話に花を咲かせる。妻と死別して育てた娘の結婚が決まった、という旧友の話を聞くと、ああ、小津の世界に入っちゃったなぁと実感する。

「秋刀魚の味」で平山は自分の行く末に関して、二つの身近な例を見る。

一つは、同級生の堀江。自分の娘と三つしか違わない後添の妻(環三千世)を照れくさそうに自慢する。そして「どうだい、第三の人生。お前も」と言われた周平が「そうか、そんなにいいか」と答えると、河合からは「よせ、よせ、お前はそのままでいいよ。それより娘を嫁にやること考えろ」と言われる。

もう一つは、佐久間先生と娘の伴子。二人が営む「燕来軒」の侘しさに、行く末の暗図を見た周平が路子の結婚を急ごうと考えるのは当然だ。伴子は四十八歳という設定だが、演じた杉村春子は当時五十六歳。しかも実年齢では父親役の東野のほうが一つ下である。(NGワードだが)いわゆるオールド・ミスの疲れ切った生活感を小津は色濃く出している。

「東京の合唱《コーラス》」(三一)ではカレー屋、「一人息子」(三六)ではトンカツ屋と、これまでも学校の恩師が東京で食堂を開いている例はあるが、佐久間には、より落魄感が強い。脚本構想の参考のためか、小津は六二年一月二十二日に松竹本社で「東京の合唱《コーラス》」を見ている(『小津日記』)。

「晩春」では娘の結婚話に父の再婚話が並走したが「秋刀魚の味」では追わない。平山たちが集う小料理屋「若松」で、若い妻相手に強壮剤を飲むかどうかで堀江をからかうところがある。そして次の「若松」の場面では、堀江が急死して昨日がお通夜だったと、女将（高橋とよ）をかつぐ場面が用意される。再婚しても先は長くないという暗示か。

▲酒はほどほど　仕事もほどほど　余命いくバくもなしと知るべし
▲酒ハ緩慢なる自殺と知るべし

これは小津が六一年の日記の初頭に記した言葉である。

同年秋公開の「小早川家の秋」のラスト、火葬場の烏のショットに死の影が濃く現れていたのに続き、「秋刀魚の味」も晩年を前提にした人生観照と見ていいだろう。一作ごとに、ラスト・ムービーの気持ちが強くなっていたのかもしれない。

小津は、撮影前から酒を飲んでいた。路子役の岩下志麻の証言もある。「撮影現場では『志麻ちゃん、僕お酒くさいだろう、朝から』って言いながらハッハッと息を吹きかけるんです。ほんとにお酒くさいの（笑）」（立花珠樹『岩下志麻という人生』共同通信社）

映画のラストで息子の和夫が「あんまり酒呑むなよ」「身体大事にしてくれよなァ……まだ死んじゃ困るぜ」と語りかける言葉は、小津に対して周囲がいつも気づかう言葉でもあったろう。

第二章　秋刀魚の歌が聞える

一九六二年十一月公開の遺作「秋刀魚の味」について、よく言われることがある。劇中に秋刀魚《さんま》が出てこないのに、なぜ「秋刀魚の味」なのか？

小津自身は新聞記者の質問に「サンマはやすくてうまいからね」（六二年八月十一日『日刊スポーツ』）とか「会社が秋に出すから季感をもってサンマとしただけで、もし正月に出す作品だったら『数の子の味』としても一向にかまわないのだ」（六二年八月二十日『読売新聞』夕刊）などとオトボケ気味の発言をしている（田中眞澄編『小津安二郎戦後語録集成』フィルムアート社、一九八九年五月）。

脚本の共作者、野田高梧には次のような証言がある。

「小早川家の秋」を宝塚で撮影中、早く次回作の題名を決めてほしいと、しきりに松竹から催促され、取敢えず「秋刀魚の味」とは決めたものの、腹案は何もなく、ただ、秋刀魚を画面に出すようなことはせず、全体の感じをそういうことにしようという気持だけであった」（「小津安二郎という男」『キネマ旬報』一九六四年二月増刊・小津安二郎〈人と芸術〉）

小津と野田は「彼岸花」（五八）を除く「東京暮色」（五七）以降の脚本を、蓼科にある野田の山荘（雲呼荘）で書いた。そこに〈蓼科日記〉と名づけたノートを置き、小津をはじめ訪れた人が自由に感想などを書き連ねている。日記の多くは野田によるが、六一年十一月十二日に小津が「次回作　秋刀魚の味なれバ　早朝秋刀魚を食ひ　武運長久を祈りたり」と記している。そして「亡妻に似た女に通う老父とその長男夫婦、孫、娘、次男、叔母、友達などの話にて大体決定」という野田の記述は六二年五月三日。題名だけは大体ができる半年も前に決まっていたのである（「蓼科日記」刊行会編纂『蓼科日記抄』小学館スクウェア、二〇一三年七月）。

戦後の小津映画には季節を含んだ題名が多い。「晩春」四九年九月、「麦秋」五一年十月、「早春」五六年一月、「秋日和」六〇年十一月、「小早川家の秋」六一年十月と、公開も「晩春」「麦秋」以外は、ほぼ季節に合わせている（麦秋とは、麦の収穫期の初夏を言う）。「彼岸花」も九月公開である。だから「秋刀魚の味」に必要なのも〈秋〉の一文字であり「お茶漬の味」（五二）にならって食べものに季節感を加えただけ、と受け取っていいのかもしれない。

『蓼科日記』を拾い読みすると小津と野田は秋刀魚をよく食べている。

湯川で買って来てもらった秋刀魚、なか〳〵うまし。（五六年十月二十六日）

朝食に湯川のサンマあり、大きな塩気、共に「目黒のさんま」といふべく脂の少きは時期のためなるべし。（五七年九月十六日）

今朝も亦、霧立ちこめて雨なり。朝食、またサンマにて少々あきる。（五七年九月十七日）
上諏訪の塩鮭、これは残念ながら秋刀魚とまではいかず。（五七年十月三十一日）
益子君よりのサンマは明朝ということにして白雪一升をあけ（略）（六一年十一月十一日）

一方で、小津たちにとって題名がいかに重要だったかを示す資料もある。山荘で「東京暮色」の脚本を練っていた二人が夕食後に散歩中のこと。野田は次のように記す（『蓼科日記』五六年九月七日）。

懐中電燈の光をたよりに石ころ道を歩みつつ「東京暮色」といふ題名はどうかといふ話になり、忽ち決定、つづいて話の梗概も浮び、帰荘就床、一気に概略の綾と場面、人物の輪郭などほぼ定まる。やっぱり、今日までに孕んで来たものが忽ち一つに纏まったのだといふべく、ただボンヤリ遊んでゐたのではなし。

「それと、題名ね、それが決まらなくてね、苦しんでましたよ」と証言するのは野田の妻、静である（井上和男編『陽のあたる家』フィルムアート社）。ちなみに「東京暮色」は戦前の「母を恋はずや」（三四）に当初つけられていた傍題という（『映画と演藝』三四年七月号／田中眞澄編『小津安二郎全発言（1933〜1945）』泰流社、一九八七年五月）。
「秋刀魚の味」の題名は、物語の大体が決まる前からすでにあり、変更もなく、結果的に小津の遺作として刻まれることになる。それは本当に適当につけた題名か、それとも隠れた意味があるのだろうか。

「秋刀魚の味」が「佐藤春夫のあまりにも有名な詩『秋刀魚苦いか塩つぱいか』を思い浮かべること以外できない」（「飲食譚・小津的世界」樹花舎『映画論叢』10号）と書く照井康夫をはじめ、佐藤の「秋刀魚の歌」から派生した、とする意見は多い。

実際、小津は佐藤春夫（一八九二～一九六四）の詩を好んだ。

中学の級友たちが編集した私家版『小津安二郎君の手紙』では、同級生の置塩高宛二七年八月二十九日の手紙に「今日朝から昼寝の前後には佐藤春夫の星を読んだ。いいと思った」という文面がある。

同年十月三日、小津が津の歩兵第三十三聯隊召集時に出した置塩、吉田與蔵宛の手紙には「林をもれる日の光を親しみながら雑木林の笹の下にす、ど、う、し、や初茸を尋ねながら演習とは全くかけ離れた事を考えながら佐藤春夫の詩を想ひます」と書き、続けて「野行き山行き海辺行き……」と佐藤の「少年の日」の詩を十数行も記している。

自分の映画にも既に使っている。「落第はしたけれど」（三〇）の「ラスト・シーンに導入するサブ・タイトル『大学の四月なかばは／椎の木の暗き下かげ』とあるのは、佐藤春夫の『ためいき』の冒頭『紀の国の五月なかばは／椎の木のくらき下かげ』のもじり。小津の愛誦詩であった」（田中眞澄『小津ありき　知られざる小津安二郎』清流出版）。

あはれ
秋風よ
情《こころ》あらば伝へてよ
――男ありて
今日の夕餉に　ひとり
さんまを食《くら》ひて
思ひにふける　と。

で始まる「秋刀魚の歌」は、次のように終わる。

さんま、さんま、
さんま苦いか塩つぱいか。
そが上に熱き涙をしたたらせて
さんまを食ふはいづこの里のならひぞや。
あはれ
げにそは問はまほしくをかし。（『佐藤春夫全詩集』講談社）

一九二一（大正十）年十一月に発表された「秋刀魚の歌」は、佐藤が谷崎潤一郎の妻、千代子への想いと自らの孤独を詠んだとされる。

女性問題で夫婦関係の冷え切っていた谷崎は、いったん二人の結婚に同意するが翻意、谷崎と佐藤は絶交する。佐藤は、ひとり秋刀魚を食べながら、かつて千代子とその娘と一緒に食べた時を思いながら今の孤独を嘆く。［木村恵吾監督「痴人の愛」（四九）では、谷崎の原作にもかかわらず、ナオミ（京マチ子）が譲治（宇野重吉）の家に戻ってくると、譲治がラジオから流れる「秋刀魚の歌」の朗読を聞きながらひとり晩飯を食べるシーンが出てくる。］

「秋刀魚の歌」は、当時の若者の心をつかんだ。

たとえば、小津より四歳上で、東宝の副社長を務めた森岩雄は、文学にひたった若き日を追想し「この前後に佐藤春夫も頭角を現してきた。出世作は『田園の憂鬱』と言われているが、私はその代表的な詩集である『純情詩集』に魅せられた。（中略）『秋刀魚の歌』は有名で、私などは暗記したものである」と書く（『大正・雑司ヶ谷』青蛙房）。

小津の年譜と照応すると、この詩が発表された二一年の三月に小津は宇治山田中学を卒業、神戸高商受験に失敗、翌年には代用教員として宮前尋常高等小学校に勤務。松竹蒲田撮影所に撮影助手として入所するのが次の年の二三年八月である。いわば十代最後、学生から社会人への過渡期に流行した詩だった。

「秋刀魚の味」で佐久間先生がクラス会の席で「みなさんあの中学校を出られて四十年、それぞれ立派になられて」と挨拶するように、佐藤の「秋刀魚の歌」は、卒業前後のころを追想させる詩としてふさわしいものだった。幾星霜を経て、苦くもあり塩っぱくもあり、けっして甘くはない人生の味を、それぞれがかみしめることになる。

先の野田の「全体の感じをそういうことに」という発言も、それを前提にしたととらえることができよう。

小津の四歳下の劇作家・菊田一夫には「下駄分隊」という戯曲がある。原作は『麦と兵隊』『土と兵隊』など兵隊小説作家として知られた火野葦平（小津の三歳下）。四〇年一月、古川緑波一座が有楽座で『ロッパと兵隊』の題で上演し大当りをとった。その物語の中心に「秋刀魚の歌」を置いている。

家業が下駄屋で、詩を愛する人情家の小山田軍曹（古川緑波）率いる分隊は、戦地中国の村で元旦を迎える。兵隊たちの前には苦心して調達した食料が並ぶ。蜜柑、肉の缶詰、餅、そして尾頭つきの秋刀魚があった。

小山田は「あわれ冬風よ、情あらば伝えてよ　兵隊ありて、秋刀魚を焼きてくらうと……」と詩を詠む。感動ですすり泣く兵隊たちに「いや、これは儂の詩ではないんだよ。佐藤春夫という人から一寸借りたんだよ」「儂がよんだ詩で、人が泣いたのは始めてだ……始めてだ……」と自分も泣く（『菊田一夫戯曲選集1』演劇出版社）。

秋刀魚と兵士。小津自身も三七年九月に召集され中国各地を転戦した。『小津安二郎君の手紙』には、同年十月頃に「…矢張こっちでもコスモスが咲いてゐる。木舌鳥《ママ》も鳴く。これで秋刀魚でも喰へれば先づ申分ないがそうはいかぬな。元気は益々よろしいから安心して下さい」とある。三八年十一月の手紙では「ふたとせを　秋刀魚を喰はず　秋暮るる」と詠んでいる。戦闘に疲れきり、食料や飲み水の不足に苦しむ兵士たちにとって、秋刀魚は、平凡な日常生活を象徴し、食欲ばかりか望郷の思いをかきたてる、まさに庶民の味だった。

そして園村昌弘原作、中村真理子作画『小津安二郎の謎』（小学館）という劇画に「小早川家の秋」の次回作をどうするかを山荘で構想する小津と野田の会話がある。

小津「佐藤春夫の『秋刀魚の秋《ママ》』を覚えていますか。」

野田「ええ。〝秋刀魚苦いかしょっぱいか…〟寂しい詩ですな。」

小津「あれを山中貞雄と唱和したことがあるんです。」

第三章　山中貞雄を想う

山中貞雄（一九〇九〜一九三八）と言えば、一九三〇年代、時代劇に新風を呼び込み、若き天才とうたわれた映画監督である。

そんな山中と小津が佐藤春夫の詩「秋刀魚の歌」を唱和したという前章末の出典は『小津安二郎・人と仕事』（井上和男編、蛮友社、一九七二年八月）の中の岸松雄「小津安二郎と山中貞雄と私」と思われる。岸松雄（一九〇六〜八五）は映画評論家として山中の監督デビュー作「磯の源太・抱寝の長脇差」（三二）を激賞した〈最初の発見者〉として知られている。

岸は山中と「だんだん深くつきあうにしたがって、当時すでに在来の時代劇にあきたらず、私淑する小津の現代劇手法をとり入れて、新しい時代劇をつくろうと考えていた」ことがわかった。小津は岸の勧めで「小判しぐれ」（三二）を見て「第二作でこれだけのものができれば立派なものだ」と言ったという。

翌三三年十月六日に小津は京都で山中と初めて会い、深い友情を結んでいく。六歳下の山中を弟のように可愛がった。

稲垣浩『ひげとちょんまげ・生きている日本映画史』（毎日新聞社）によると「ヒゲをはやすと顔が長く見えなくなる」という小津の説で「山中貞雄がヒゲをはやしはじめたのは、小津ちゃんと交友がはじまったころからだった」と身だしなみにも影響を見せる。

翌三四年一月、山中が上京。岸は蒲田撮影所に連れて行く。「小津に紹介すると、小津は山中の愛嬌のある長いアゴをうれしそうに眺めながら『おう』と迎えた」。脚本執筆によく使われた湯河原の中西旅館へ行く清水宏に、小津、山中、岸、井上金太郎が便乗する。

「中西」についたのは夕方だった。丹前に着がえると清水はすぐに先着の脚本家陶山密と「泣き濡れた春の女よ」の打ち合わせをはじめた。その間に小津と山中と私とは井上金太郎を座敷に置いたまま、家族風呂へはいった。

（中略・食事、酒盛りが始まる。）

酔いしれはしないが、それでも酔がまわるほどにごきげんになった小津と山中とは、どちらからともなくかねてから愛誦していた文章をくちずさみはじめた。

「鏡花泉鏡太郎先生は古今の文宗なり。うんぬん。」

芥川龍之介の書いた序文の名文句である。

それから佐藤春夫の、これも人口に膾炙された「さんまのうた」。

私はおどろいた。といっても小津にではない。小津の記憶力の良いことはそれまでにも酔えば「赤壁賦」などを長々と朗誦するのを聞いているのでおどろきはしなかったが、人もあろうに山中のような無口の男が小津に負けずに、芥川の名文句や佐藤春夫の長詩をいささかのよどみもなく唱和しようとはまったく驚天動地の感がした。

湯河原で清水宏監督が陶山密と脚本の打ち合わせをした「泣き濡れた春の女よ」という題名も佐藤春夫の詩「秋の女よ」の「泣き濡れて　秋の女《おみな》よ／わが幻のなかに来る、／泣き濡れた秋の女を／時雨だとわたしは思ふ、」からの借用である。[*1] 題名の借用は、小津作品では「戸田家の兄妹」（四一）が里見弴の『安城家の兄弟』からと自身が認めている（『新映画』一九四一年四月号／『全発言』）。

少し脇道にそれるが、ずっと私は木下恵介監督「野菊の如き君なりき」（五五）の題名も、佐藤の詩「海辺の恋」の「こぼれ松葉をかきあつめ　をとめのごとき君なりき。こぼれ松葉に火をはなち　わらべのごときわれなりき。」から、と思っていた。ところが佐々木徹『木下恵介の世界・愛の痛みの美学』（人文書院）で、この映画の市販脚本が、最初にハインリヒ・ハイネの詩を載せ、冒頭の“Du bist wie eine Blume”を〝野菊の如き君なりき〟と訳しているのを証左として「文字通り訳せば『君は花のように』だが、『野菊の如き』と翻訳されることによって、日本的な、また明治時代の少女の面影と結びついた」と、題名の出典をハイネのように解しているが、疑問に思う。ここで訳者と記された宇多田二夫《つぎお》（一九一九～七九）は当時松竹の社員（宇多田ヒカルの祖父）。国際部門で活躍し翻訳書もあるが、独文学者ではない。これは、当時存命の佐藤春夫との間で何らかの摩擦を避けるための策では、と推測する。ちなみに、このハイネの詩は、ロベルト・シューマンの連作歌曲「ミルテの花」の一曲として有名である。また木下の「今日もまたかくてありなん」（五九）の題名は、島崎藤村「千曲川旅情の歌」の一節から採っている。
話を戻そう。

九月三十日（日）
朝　赤阪（坂）の千恵蔵の家にゐると云ふ山中貞雄から電話があつた
共に蒲田に行く
（中略）山中　大久保　深川泊
十月一日（月）
夕方東京駅で会ふ　山中　岸と上野揚出し　のちフレーデルマウス
山中　深川泊
十月二日（火）
山中と赤阪（坂）いろはに行く
のち成瀬　岸来る
雨の中を見付まであるいて別れる
十月三日（水）
若草物語の試写行かず
山中一人みて　つばめにて雨の中をかへる

電話あり

三四年秋の『小津日記』である。上京した山中を深川の小津の家に泊め、いつも一緒だ。そして山中が京都へ帰った後の十月七日（日）には「一日　家にてねてくらす／秋刀魚に油がのって来た」。ちょっとさびしそうだ。小津三十歳、山中二十四歳。二人は若く、サイレントからトーキーの時代へと、映画も若かった。

「（小津は）ひとりで飲むことは殆どなく、相手をつくって徹夜で飲む、飲んでは談ず映画の事。映画を語りたいから飲んだのかもしれない。それは山中貞雄もまったくおなじだった。ただ小津と山中とちがうことは、酔うほどに小津は多弁となり、山中は黙して聞くということだった」（稲垣浩『日本映画の若き日々』毎日新聞社）と酒席でも名コンビだった。

撮影の宮川一夫も証言している。山中に連れられ京都市内で飲んでいると「宮川、歯ブラシとタオル買うてきてくれ」と最終列車で東京へ行くことがたびたびあった。「最初は東京にいる女の人にでも会いに行くのだろうと思っていましたが、じつは小津安二郎さんに会いに行っていたのです。会いたくなると、フッと行く。なんとなく、計画も何もなくて、なんとなく東京まで会いに行く。山中さんと小津さんは、お互いの映画を見て気に入ったんでしょうが、それはとりもなおさずお互いの人間性にひかれ合ったのだと思います」（宮川一夫『キャメラマン一代　私の映画人生60年』ＰＨＰ研究所）。

岸松雄は『日本映画人伝』（早川書房）の中で、次のように証言する。

まったく山中の小津・清水に対する傾倒の仕方には、信仰に近いものがあった。例えば小津が監督した「非常線の女」の中に、やくざな男女が堅気になって平和なくらしをしたいとねがい、出来ることなら「小鳥が鳴いて」「芝生があって」ささやかではあるが美しい一軒の家をもちたいと、考える場面がある。山中はその「小鳥が鳴いて」「芝生があって」云々のタイトルがいかにも気に入ったと見えて、それから後も長いこと、シナリオを書きながらも、酒を飲みながらも、「小鳥が鳴いて」「芝生があって」と、ひとりたのしそうに吟んでいた。

岸はまた「河内山宗俊」(三六)も「原節子の姉が、やくざに足を踏み入れた市川扇升の弟に意見をいう場面は、『非常線の女』から糸を引いている」(「小津安二郎と山中貞雄と私」)と指摘している。また「風流活人剣」(三四)に関しては、大学生の映画愛好グループの取材記事で山中は次のように言っている。

杉江　「風流活人剣」は、小津さんの「出来心《ママ》」をみてるような気がしましたが。
藤原　アングルは、小津さんのに似てますね。
山中　そうですか。私としては可成り小津さんに学んでいますから。
(「山中貞雄氏に訊く」『キネマ週報』一九三四年三月二十三日号)*2

ちなみに、杉江という早稲田大学生は、後に東宝で山中貞雄脚本「戦国群盗伝」の再映画化を監督する杉江敏男である。

岸松雄も「山中貞雄が小津安二郎の途を時代劇にとり入れよう」（『日本映画論』書林絢天洞）として、時代劇でも小津のように小道具を有効に用いたと指摘している。

他にもある。小津の「出来ごころ」（三三）で、喜八（坂本武）に息子の富夫（突貫小僧）が「人間の指何故五本あるか知ってるかい？」と謎かけをする。「四本だってみな、手袋の指が一本余っちゃうじゃないか」の答に「よく出来てやがら」と喜八。もう一つの謎かけ「海の水は何故塩辛《しょっぱ》い？」「鮭がいるから辛いんだ」「よく出来てやがら」という問答と共にラストで繰り返され、さらに印象を強めている（立川談志の落語「やかん」には、この鮭ネタがそのまま使われていた）。

この謎かけ問答を山中は「丹下左膳餘話・百萬兩の壺」（三五）で使っている。ちょび安（宗春太郎）が左膳（大河内傳次郎）に「人間の目はなぜ二つあるのか知ってるかい？」「教えてやろうか？　人間の目が二つないと眼鏡の玉が余るだろ」と言う。

山本喜久男『日本映画における外国映画の影響』（早稲田大学出版部）にも「子供がなぞなぞをしたり、小判でメンコをしたりするあたりは小津の喜劇を思わせる」との指摘がある。

遺作となった「人情紙風船」は奇しくも舞台を小津の生まれた深川に置いた。公開日の三七年八月二十五日、東宝撮影所にいた山中に召集の電報が届く。その山中を追うように二週間あまり後には小津も召集される。

小津と山中は、中国の戦地で一度だけ会うことができたが、翌三八年九月十七日、山中は開封野戦予備病院で病死した。まだ二十八歳十ヶ月の若さだった。山中貞雄死亡証書の病名には、急性腸炎とある。

小津は親しい友の死を、ひと月遅れの十月中旬ころ河南省信陽で知る。その日「小津は一言も口をきかなかったといわれる」（田中眞澄『小津ありき　知られざる小津安二郎』清流出版）。

死ぬ五ヶ月前の三八年四月十八日に記した山中の遺書がある。[*2]

○陸軍歩兵伍長としてはこれ男子の本懐、申し置く事ナシ。

○日本映画監督協会の一員として一言。

「人情紙風船」が山中貞雄の遺作ではチトサビシイ。

負け惜しみに非ず。

（中略）

○最後に、先輩友人諸氏に一言

よい映画をこさえて下さい。以上。

「僕は山中の遺稿を中央公論で読むまでは、ちっとも戦場で映画の事を考えなかったが、あれを見てからはこれはいかんと思った。

とにかく山中は向うで会っても映画の事を熱心に考えていたよ。僕はとにかく日記だけはつける事にしたが、日記は○○で後から来る部隊の友人に預けて帰って来たんだ」。（三九年八月十七日『東京朝日新聞』夕刊／『全発言』）

「彼奴は最後まで『あかんあかん』と頑張り通した。いい男だった。戦地で関西弁の兵隊に逢うたびに山中を憶い出した。そっくりの感じのがいるんだよ」。（『スタア』四〇年二月上旬号／『全発言』）

三四年十月、山中が京都へ帰った後「秋刀魚に油がのつて来た」と日記に書いた小津は、翌三五年九月二十三日にも「この日　はじめて秋刀魚を喰べり」、同月二十九日は「秋刀魚の腹にがく　秋冷とみに加はる」と、秋刀魚を季節にからめている。

その三年後の九月、友は逝く。秋刀魚を味わう季節は、友を偲ぶ季節と重なった。

さんま苦いか塩つぱいか。そが上に熱き涙をしたたらせて……「秋刀魚の味」（六二）には、こうした山中貞雄への思いが込められているのは確かだろう。

＊1　湯河原の件は岸の記述に従えば三三年一月だが『小津日記』他の文献との整合性から三四年一月とした。逆に「泣き濡れた春の女よ」は三三年に公開済みで話が合わなくなり、岸の記憶違いが考えられる。詩は『佐藤春夫全詩集』（講談社）より引用。

＊2　千葉伸夫編『山中貞雄作品集　全一巻』（実業之日本社）より引用。

第四章　変な家《うち》の女

「秋刀魚の味」（一九六二）の構想に関しては、第二章で触れたように、六二年五月三日の『蓼科日記』に「亡妻に似た女に通う老父とその長男夫婦、孫、娘、次男、おば、友達の話にて大体決定」とある。最終では孫とおばが消え〈亡妻に似た女〉がトリスバーのマダムかおる（岸田今日子）となった。

平山（笠智衆）が中学時代の恩師（東野英治郎）の営む燕来軒を訪ねると、店の客に声をかけられる。海軍で駆逐艦朝風の艦長だったころの部下、一等兵曹の坂本芳太郎（加東大介）と名乗り、近所でポンコツ屋（脚本では自動車の修理屋）をやっているという。画面に出ないが坂本の家で歓待を受けたあと平山が案内されたのがこのバーである。

酔っぱらってご機嫌の坂本は「ねえ艦長、どうして日本負けたんですかねえ」と切り出す。「ウーム、ねぇ……」と曖昧な返事をする平山に「けど艦長、これでもし日本が勝ってたら、どうなってますかねえ?」と言い「勝ってたら、今頃はあなたもわたしもニューヨークだよ」「目玉の青い奴が丸髷なんか結っちゃってチューインガムかみかみ三味線ひいてますよ、ザマァ見ろッテンだ」とアメリカ占領の夢を酔いが加速させる。「けど敗けてよかったじゃないか」「そうですかね。——ウーム、そうかも知れねえな、バカな野郎が威張らなくなっただけでもねえ」。

そこへマダムのかおるが、およそバーの雰囲気と異なる姿で現れる。サンダルをつっかけ、頭に黄色のタオルを巻いて、お風呂に行ってきたと言う。風呂あがりのスッピンでの登場は〈亡き妻〉の面影と重ねやすくする脚本の工夫だ。平山は口をあけて見惚れている。かおるは「軍艦マーチ」のレコードをかける。坂本が店に来るといつもらしい。♪チャ～カチャカチャカチャカ～と口ずさみ坂本は敬礼、足ぶみをはじめる。

中学、海軍、亡妻と、つるべ打ち的に平山の前に懐旧が揃う。

帰宅した平山は「今日は、妙な男に会ってね、変な家《うち》へ行ってきたよ」と楽しげに家族に話す。

平山「バアなんだがね、その女が若いころのお母さんによく似てるんだよ」
幸一「顔がですか」
平山「ウム、体つきもな。……そりゃアよく見りゃ大分ちがうよ。けど、下向いたりすると、
　　この辺（と頬のあたりを撫でて）チョイと似てるんだ……」

「東京物語」（五三）にも「軍艦マーチ」と亡妻に似た女が出てくる。

上京した周吉（笠智衆）が同郷の沼田（東野英治郎）、服部（十朱久雄）と旧交をあたためる小料理屋の場面で「軍艦マーチ」が流れている。服部は息子二人を、周吉は次男を戦争で亡くした

話になり「もう戦争はこりごりじゃ」としんみりする。

お店を移し、なじみのおでん屋に連れて行った沼田は、その女将（桜むつ子）が死んだ妻に似ていると言う。「なァ平山君、どうかのうこの女、どっか似とるじゃろうが」「うちの家内じゃ」「似とるじゃろ、この辺がなァ……」と「秋刀魚の味」と同じく頬のあたりを指さす。

坂本役の加東大介は「早春」（五六）でも主人公・杉山（池部良）の戦友で出ている。姓も同じ坂本。戦友会の後、泥酔して杉山の家に上がりこんで一泊し、妻（淡島千景）を閉口させる。「お茶漬の味」（五二）の佐竹（佐分利信）はパチンコ屋の親父になっている戦友の平山（笠智衆）に再会、奥の部屋で歓待され、戦友の消息を語り合ったりする。平山はシンガポールを懐かしみ、しみじみと軍歌「戦友の遺骨を抱いて」を歌う。

しかし「秋刀魚の味」は、ちょっと違っている。平山は坂本を〈妙な男〉と言い、バーもまた〈変な家《うち》〉と言っていることだ。たしかに坂本は妙なのだ。坂本に声をかけられた平山は「あなた、どなたでしたかな」と言い「アァ、坂本さん、そうでしたか……」と驚きや喜びの感が薄い。記憶が曖昧なのか、艦長と一等兵曹の上下関係もあるが、再会の感情に温度差がある。上機嫌の坂本は「嬉しいねえ、全く嬉しいねえ」とマーチに合わせ、海軍式の敬礼をする。「艦長もやって下さい！」と平山にも敬礼を求める。かおるもマネる。〈変な家《うち》〉で平山は〈亡妻に似た女〉と〈妙な男〉に、過去へ過去へと煽られ、心地よく酩酊していく。

考えればこれは、ちょっとした怪奇だ。小泉八雲の『怪談』で耳なし芳一が武士の怨霊に導かれ、滅亡した平家一門の霊の前で琵琶を弾く話みたいに、謎の男に声をかけられ謎の家屋敷に案内されるパターンと似てはいないか。あるいは溝口健二監督「雨月物語」（五三）で朽木屋敷の若狭（京マチ子）に惑わされる源十郎（森雅之）のような。

次のバーの場面では、話を聞いた長男の幸一（佐田啓二）が一緒だ。幸一は「似てるかなァ……。似てませんよ」と言う。「ウーム、よく見りゃ大分違うがね、どっか似てるよ」と言い訳をする平山。「そうかなァ」と幸一は母の面影を見ていない。

バーなのに幸一は、なぜかチャーハン（燕来軒からの出前？）を食べている。食べ終えた器をさっと片付け、お茶を出すかおるのテキパキした動きを平山は見つめる。亡妻の姿を重ねている。「こないだのアレ（軍艦マーチ）かけましょうか」と言うかおるに「いやァ、まァいいよ」と断るのも、平山の懐旧が、亡妻にのみ向かっていたからだろう。

平山にとって、この〈変な家《うち》〉は、バーを越えた特別な空間となっている。「もし日本が勝ってたら」と〈変な男〉が現実とは逆のヴィジョンを語り、バーのマダムの風呂帰り姿というミスマッチをシュールな画像ととらえれば、これは明らかに夢の入口に違いない。

吉田喜重は『小津安二郎の反映画』（岩波書店）で「それにしても場末のバアで『軍艦マーチ』のレコードに合わせて、かつての艦長と部下の兵士が他愛なく敬礼しあうといった時代錯誤的なシーンが、あまりにも長く演じられていることに、誰しもが戸惑い、むしろ底知れない異様さを感じるのではないだろうか」と指摘する。続けての解釈は違うけれど、その異様さこそが、このバーの正体ではないか。

平山が艦長だった朝風という駆逐艦は実在した。一九四四年八月二十三日にルソン島沖でアメリカの潜水艦によって撃沈。その時の艦長かは不明だが、平山は坂本の背後に英霊となった乗員たちの姿をも見ていたに違いない。

日本は戦争に勝ち、妻も生きている。霊界ほどではなくても、このバーは、夢と現実のあわいで生と死が混沌となり、時もまた逆流する一種のエアポケットだ。


「秋刀魚の味」の脚本に入る前、小津に大きな出来事があった。六二年二月四日、母あさゑの死である。享年八十六。とても仲のよい親子だった。その日小津は『蓼科日記』に「イヤダナアオソウシキハ　オレハ　ブシウギハ　フエテダヨ」と記す。

そして「秋刀魚の味」の話が「大体決定」した五月三日から十日あまりの十四日は、母の百ヶ日。『小津日記』には「亡母百ヶ日／散歩に出る　一本桜は一二輪咲いている程度／いよいよ明日から相談始めることになる」。翌十五日「夕食ののち　始めて人物の配置などして大凡の見当をつける」と脚本作業が本格化する。そして二十日には「夜半亡き母の夢を見る」とある。

野田との共同作業は七月二十六日「玲子〔野田の長女、山内玲子（旧姓・野田。一九二三〜二〇一二）は五四年に脚本家・山内久と結婚。自身も「立原りゅう」名義で脚本を残している。以下〔　〕内は筆者註〕の清書、四時ころ完了、二百三十三枚になる」と二ヶ月余の長きにわたるが、そこには〈母の死〉という大きな喪失感が併走した。

平山の娘、路子役の岩下志麻は言う。「『秋刀魚の味』の前にお母様を亡くされて、お母様と2人で仲よく暮らしてらした先生だったから、寂しくて、毎日お酒飲んでいらしたのでしょうね」

（立花珠樹『岩下志麻という人生』共同通信社）。

生涯独身の小津にとって、平山の亡妻とは母であり、酩酊して眠る夢に現れた母の姿を、バーのかおるに重ねていたのか。

映画の終盤、路子の結婚式の後、ひとり平山はバーを訪れる。かおるは礼服姿の平山を見て「今日はどちらのお帰り――お葬式ですか」ときく。「ウーム、ま、そんなもんだよ」と平山は答えるが、彼女のこうした対応も、さらにバーを〈変な家《うち》〉化させてゆく。

脚本家の山田太一も松竹の助監督時代、「お葬式ですか？」とはなんだと思ったという。「いいシーンである。この台詞を思いついた時、小津さんも共同執筆の野田高梧さんも『これで出来た』と思ったに相違ない」「黒い礼服を着ている。しかし、ネクタイはストライプである。黒一色ではない。仮に祝儀不祝儀が分らなかったとしても、水商売を続けて（いわば小津好みの）穏やかで大人の分別を維持体現している中年のママが、そんな聞き方をするか？」（山田太一『月日の残像』新潮社）

岸田今日子は撮影時三十二歳。杉村春子、中村伸郎など小津映画の常連が幹部だった文学座に所属（六三年一月脱退）、市川崑監督の「おとうと」（六〇）、「黒い十人の女」（六一）、「破戒」（六二）などで注目を集めていた。厚いくちびるから発するセクシーな声は、ねっとりからみつくよう。「秋刀魚の味」の後には勅使河原宏監督「砂の女」（六四）に主演して、さらにその感を強め、存在感とかリアルとかとどこか無縁の地点で独自の世界をきわめていく。

小津の映画を同時代ではなく、没後に名画座やビデオ、DVDで知った世代が大多数を占める現在、岸田の女優としてのイメージも「秋刀魚の味」以降に培ったもののほうが大きい。だから、より感じ取れることではあるが、お葬式と平気で言うブラックな〈変な家《うち》〉のマダムに、とてもふさわしかった。［三上真一郎『巨匠とチンピラ　小津安二郎との日々』（文藝春秋）によれば、当初かおる役には山田五十鈴の娘、嵯峨三智子に話があったが「役が小さい」と断ったという。］

　人生半ばを過ぎるにつれ、昨日までの時間より明日からの時間がどんどん短くなる。鬼籍に入る身内や友人が増えていく。未来よりも過去に、思いは向かう。死は〈変な家《うち》の女〉に化身して、より一層近しく甘美なものとして小津の前に現れていた。

　バーに客は少ないが、結婚式帰りの平山の脇で会社員風の酔客二人が「軍艦マーチ」に合わせて「大本営発表！」「帝国海軍は今暁…」「敗けました」と声をあげる。二年後の東京オリンピックを控え、高度経済成長を進み続けたあの頃、日本の大人すべてが戦争体験者だったのだと、あらためて思い至る。いや、彼らが〈変な家《うち》〉の客であるかぎり、もし英霊たちが死なずにすめば、かくありえた姿とも思えてくるのである。

　そして海軍一等兵曹、坂本芳太郎もまた……。

第五章　幽明の加東大介

「秋刀魚の味」（一九六二）で〈妙な男〉坂本芳太郎を演じた加東大介（一九一一〜七五）は「早春」（五六）、前作「小早川家の秋」（六一）に続く三度目の小津映画出演である。「シナリオを準備中に、映画会社の社長連中が〝互いに俳優の貸し借りはしない〟というバカげた取決め[*1]をしたという話を聞いたもんで、松竹の俳優さんだけで作れるようなシナリオにしたのです。僕はいつも俳優のイメージを頭に置いてシナリオを書くことにしています」（六二年八月二十八日『朝日新聞』東京夕刊）と取材に答えた小津だが、加東にはこだわった。

脚本を共作した野田高梧は「他社の俳優は借りないで、大船の人たちとフリーの人たちだけでやろうということになって、加東大介さんだけを東宝から借りることにした」と記している（「自作を語る」『人と芸術』）。

加東には、当り役となった千葉泰樹監督「大番」四部作（五七〜五八）や「社長」シリーズなど数多くの出演作があるが、特に「七人の侍」（五四）で古女房のように勘兵衛（志村喬）に尽くす七郎次のイメージが「秋刀魚の味」に結びついてくる。

「秋刀魚の味」の前年の六一年、加東は「ジャングル劇場の始末記・南海の芝居に雪が降る」という従軍体験記を『文藝春秋』に発表した。

四三年秋に衛生兵として加東は陸軍に応召、ニューギニア戦線に送られる。あまり戦闘はないものの、栄養失調とマラリアで兵士たちは悲惨な状況にあり、士気を鼓舞する目的で演芸部隊が編成される。加東を中心とする「マノクワリ歌舞伎座」は、さまざまな演芸を披露して兵士たちを楽しませた。『瞼の母』で舞台に降らせた紙吹雪が題名につながる。

残酷悲愴な戦争体験と趣を異にした内容は『南の島に雪が降る』の題で出版されるとベストセラー。みずからの主演でテレビ、映画（久松静児監督）、舞台（森繁久彌演出）になった。いわば時の人。当時七歳の私にも記憶がある。人気俳優と同時に生還兵の代表でもあった。

こうしたイメージが加東にこだわった理由の一つにあっただろう。

では、加東も小津も陸軍応召なのに、なぜ映画では海軍なのか？

小津と野田が脚本を執筆した山荘（雲呼荘）の管理人をつとめた両角利市という人物がいる。「蓼科日記抄」編纂の中心メンバー照井康夫は「坂本芳太郎（加東大介）の人物造形は、この人をモデルに作られた可能性が高い」と指摘する（「野田高梧の『蓼科日記』」『シナリオ』二〇一四年二月号）。『蓼科日記』の註にも「本日記の重要な脇役の一人」と記すほどである。

「万能人物。木樵、大工、大福つくり、パン製造、おワイ汲み、電気直し、水道工事、道路監督、等々、赴くところ一として可ならざるなく、しかも曽ては帝国海軍一等兵曹として欧米諸国に足跡を印し、『ハリウッドちうはえゝとこだね』など、時にその豊富なる見聞の一端を仄めかす」

と重宝がられた。海軍一等兵曹という階級は坂本と同じである。

しかし「小早川家の秋」脚本執筆中の六一年三月一日、肝臓がんで死去。三月二日の『蓼科日記』は「利市が初めてこの荘に来りしは昭和二十六年八月のこと、爾来十一年間にわたる馴染なり」と偲び、四日の葬儀は「小津君、酔余、昭雄〔利市の子〕に訓戒し、昭雄ポロポロ泣く。昭雄十三才、中学の一年、少年の涙はいじらしきものなり」と記している。

前章で述べたように「秋刀魚の味」のバーは、夢と現実が混沌とする幽明の場。その人物を小津周辺でとらえ直してみれば、マダムかおるは小津の母あさゑ、坂本は両角。共に直近で冥途へ旅立った人物がイメージとして舞い戻っていると言えないか。

『南の島に雪が降る』（ちくま文庫）に「さようなら日本」と題する章がある。入隊した加東は、大阪港からニューギニアに向けて出港準備中に、千日前の映画館で甥の長門裕之（当時・澤村アキオ）が子役で出演していた稲垣浩監督「無法松の一生」（四三）を見る。そして台湾の高雄に寄港すると山中貞雄監督「丹下左膳餘話・百萬兩の壺」（三五）を見る。「大河内伝次郎さんが左膳で、兄貴の〔澤村〕国太郎が柳生源三郎に扮していた。もう会えないかもしれない兄の顔を見、声を聞いているうちに、ポロポロ涙がこぼれだして、どうしてもとまらない。泣きどおしだった」。

加東は三三年、河原崎長十郎、中村翫右衛門が率いる前進座に入り、市川莚司の名前で活動した。前進座と山中貞雄との関係は深い。

日活で働いているうち、山中は次第に古臭いスター・システムに愛想をつかし、「街の入墨者」「河内山宗俊」の二作で前進座の俳優たちと、すっかり意気投合した。ＰＣＬ〔東宝の前身の一つ〕に入っても滝沢〔英輔〕の前進座映画「戦国群盗伝」のためにシナリオを書き、自らも「人情紙風船」の演出をすすんで買って出るという買い方であった。〔岸松雄『日本映画人伝』早川書房〕

山中の甥、加藤泰監督は『映画監督山中貞雄』〔キネマ旬報社〕で、山中がはじめて前進座の舞台を見て「いっぺんに前進座に惚れ込んだようである。彼が欲しい欲しいと思いつづけた演技とめぐりあえたからである。嘘や誇張や無駄のない写実に徹した演技である」と書いている。

前進座一党出演で山中が監督した「街の入墨者」〔三五〕、「河内山宗俊」〔三六〕、遺作「人情紙風船」〔三七〕の三本すべてに加東は出演している。

以前、京都文化博物館の展示である写真を見た。三七年六月、吉祥寺に完成した前進座演劇映画研究所の開所式に出席した山中と滝沢英輔監督を加東が受付で応対する写真だった。その二ヶ月後「人情紙風船」公開の日に山中は応召、翌年九月十七日、中国の野戦病院で病死する。

加東は、山中が中国大陸へと出航するのを見送っている。

あの撮影中（人情紙風船）事変が起り僕は山中さんの二年あとの看護兵なので、朝、顔合わせれば、どうした莚司君来たかい。〝いいえ山中さんは〞とどちらが先に動員されるかと話し合っていた。京都から電報が来たときもすぐ直前に戦争の話をしていた。

去年の十月○○港〔神戸港〕を出航して父母の国を離れるという日、山中さんに遇いたくて港までいった。前進座の連中のうち幸い僕が軍隊生活を知っているというので山中さんを探すべく雨の中を右往左往した。そして「莚司君どうした」と向うから見つけて声をかけてくれたときの嬉しさ、連れだって長十郎氏や翫右衛門氏達のまっているところへ行く途中〝莚司君向うであったらあんじょうたのむで、うまく看護してや〟と笑いながらいった言葉……この十月四日の夜、山中さんの死を聞いたときに頭に閃いたのは、この言葉と東宝の食堂の夜に〝君は間をもっと勉強せいや〟といわれた言葉。病院で亡くなったのなら僕が最後の看病出来たらナと思った。芝居しながら勉強しなければと思った。

山中さん、ボク等の山中さん……思い出はつきない。あの雨のハトバに軍装凜々しくたった山中さんの最期の姿。それは永久に僕達の瞼からは消えないだろう。南無……。（『シナリオ・臨時増刊　山中貞雄追悼号』一九三八年十一月）[*2]

加東出演へのこだわりには山中貞雄ゆかりの俳優という意味があったのではないか。さびしく戦病死した山中とは逆に、無事生還して精力的に活躍している加東。その運命の対照。

「陽当りがよくって芝生があって――」「小鳥が啼いて――」「草花が咲いて――」「そうなったらあんたも何処かへ勤めるのね」……小津の「非常線の女」（三三）で岡譲二と田中絹代の演じる男女が、やくざな世界から抜け出して平和な生活を夢見る場面の字幕セリフを山中が長く愛誦していたという岸松雄の証言がある（第三章）。

こうした〈夢がたり〉は小津の好みらしく「麦秋」（五一）でも紀子（原節子）に友人のアヤ（淡島千景）がこんなことを言う。

「だって、あんたって人、庭に白い草花か何か植えちゃって、ショパンか何かかけちゃって、タイルの台所に電気冷蔵庫か何か置いちゃって、こうあけるとコカコーラか何か並んじゃって……そんな奥さんになるんじゃないかと思ってたのよ」

「秋刀魚の味」で加東演じる坂本が「勝ってたら、今頃はあなたもわたしもニューヨークだよ」「目玉の青い奴が丸髷なんか結っちゃってチューインガムかみかみ三味線ひいてますよ、ザマァ見ろッてンだ」などと話すのも、そんな〈夢がたり〉の一種ではないか。

一等兵曹坂本は、生きているし、死んでいる。夢と現実、幽明混沌とするバーのカウンターで小津は、母あさゑと向き合いながら、両角利市だけでなく、山中とも杯を重ねている。

こうした山中貞雄のゆかりを求めていくと路子役の岩下志麻もそうだ。前進座の中心、河原崎長十郎は「人情紙風船」で妻の河原崎しづ江と共演しているが、岩下はしづ江の妹（山岸美代子）の娘。つまり姪である。次回作に準備した「大根と人参」の娘役も岩下を想定していた。

一九三一年創立の前進座は、三七年に東京・吉祥寺に集団住宅を建設。劇場・けいこ場と生活の場を統合した環境をつくっていた。岩下が小学校四年のとき、一家は神奈川県鵠沼から吉祥寺に引っ越し、前進座の近くで暮らすようになった。

「すぐ近くにいたから、前進座とすごく密接に生活してたわけね。そのころ、前進座の食堂の片隅で、映写会みたいにしてよく映画を上映していて、前進座が製作して長十郎さんが主演した『箱根風雲録』(五二年)や、久我美子さんが出演してらした今井正監督の『にごりえ』(五三年)とかを、小さいころに見てたんです。戦前の山中貞雄監督の『人情紙風船』(三七年)も、そこで見ました」(立花珠樹『岩下志麻という人生』共同通信社)

いや何よりも、戦後の小津映画における最高の女優、原節子こそ山中ゆかりの女優だった。原は「河内山宗俊」の撮影現場を訪れたアーノルド・ファンク監督の目にとまり「新しき土」(三七)のヒロインに大抜擢、スターの道を開いたのである。まだ十五歳の少女だった。

＊1 「この年五月から実施された自己防衛のための〝代表的登録スターの貸し借りは今後一切やらない〟という五社長会の決議」(田中純一郎『日本映画発達史Ⅳ』中公文庫)を指す。五社は、松竹、大映、東映、東宝、日活。
＊2 千葉伸夫編『監督山中貞雄』(実業之日本社)からの孫引き。

第六章　葉鶏頭をキャメラの方へ

戦後の小津作品は原節子の存在を抜きにしては語れない。「晩春」（一九四九）、「麦秋」（五一）、「東京物語」（五三）のいわゆる〈紀子三部作〉、「東京暮色」（五七）、「秋日和」（六〇）、「小早川家の秋」（六一）とコンビは晩年まで続いた。

『小津安二郎・人と仕事』（蛮友社）に製作者山本武の証言がある。

「晩春」では、その後の小津さんの映画の常連となった原節子が初出演した。この原節子の起用は、湯河原の中西旅館で打合せ[*1]のとき決ったと思う。志賀直哉先生も見えられて、いろんな話をしたが、そんなとき「原さんを使ってみたら……」という話が出たように記憶している。あるいは小津さんが、以前から意中の人として考えていたのかもしれない。

とまれ、原節子と小津さんの最初の出会いは印象的だった。原さんを見たとたん、ポーッと小津さんの頬が赤く染った。

「節ちゃんて美人だなあ」

小津さんはあとでそういった。

小津は「……僕はずっと以前から、いつか一度は原君と組んでみたいという希望がいまや達せられて喜んでいる。先日木下恵介監督の〝お嬢さん乾杯〟を見て、原君はやっぱりいいパアソナリティを持った得難い女優だと思った」と言う。[*2]「ずっと以前」とは山中貞雄監督「河内山宗俊」（三六）の当時十五歳の原に違いない。

京都の映画人グループ「鳴滝組」の同志だった稲垣浩監督は、自著『日本映画の若き日々』（毎日新聞社）で「原節子を使ってみたい、と山中貞雄が言いだした。まだ日活のニューフェースとして出たばかりで、あまり目立った映画に出演してはいなかったのに、よくぞ目をつけたものだと実は驚いたものだった。（中略）大方のファンたちも、節ちゃんのために彼らが命を捨てるのは当然だと、納得してこの映画の結末に拍手したものだった」と証言している。

小津と山中との交流に、原の「晩春」出演をからめて論じた文章に私がはじめて接したのは、一九八二年出版の高橋治『絢爛たる影絵――小津安二郎』（文藝春秋）である。

比較的見逃されていることは山中貞雄「河内山宗俊」（昭和十一年）への原節子の出演だろう。山中と小津との交友は傍目《はため》も羨ましいほどのものだった。山中が先輩小津を慕う形をとったが、小津は山中の才をこよなく愛していた。山中が上京して来る度に、小津は会社から法外な借金をして横浜のチャブ屋に遊んだ。

映画への思いを残して中国に死んだ山中の作品に出演した美少女が、戦後日本映画界の代表的スターになっているのを小津は見出す。あるいは山中との交友の間に、この類稀な資質に恵まれた女優が話題にとり上げられた。山中がし残したことを自分がいつかやりとげる。小津がそう考えていたとするのは、因縁の糸の結びすぎだろうか。

高橋は「麦秋」の例を挙げている。原が演じる紀子に、戦死した兄省二の親友矢部（二本柳寛）が「ああ、省二君の手紙があるんですよ。徐州戦の時、向うから来た軍事郵便で、中に麦の穂が這入ってたんですよ」と言うセリフから「徐州は山中が従軍した戦線だった」と指摘。「その作戦の後、小津は南京の東方句容で山中に会っている。小津が訪ねて来たことを聞いた山中は、便所からとび出して来るなり、洗いもしない手で小津の手を握りしめたという」。

さらに加えれば、紀子の父周吉（菅井一郎）たちが観劇する歌舞伎座の絵看板にある『天衣紛《くもにまごう》上野初花《うえののはつはな》』は「河内山宗俊」の元ネタである。

すでに述べてきたように山中貞雄の映画には、敬愛する小津の影響が散見された。そして山中の没後はベクトルが逆になり、今度は小津作品に山中の影が見出せるようになる。

三七年八月、小津の家に召集の報告に来た山中のことを、一周忌に当って小津は「雁来紅《はげいとう》の記」と題する文章に残している。（『キネマ旬報』三九年九月十一日号）

「おっちゃん〔小《お》っちゃん。小津のこと〕、えゝ花植えたのう」気がつくと山中は庭を見ていた。庭には秋に近い陽ざしを受けて雁来紅がさかりだった。それは今上海で激しい戦争があるとはとても思われぬ静けさだった。短い言葉に山中の今者の感慨があった。

間もなく山中は帰って行った。その日東宝撮影所で山中の壮行会があるとのことだった。

それから十五日目、僕にも召集令状が来た。

次の年の秋。

支那にもあちこちに雁来紅が咲いていた。桐城、固始、光州、信陽、壊された民家の日だまりに、路傍に、見る度にあの日の山中と高輪の庭を思い出した。それから間もなく山中の陣没を聞いた。


「俺の家の葉鶏頭ね。あのひょろひょろした奴が非常に太くなって、とてもでっかくなって、まだ色づかないのがあるが、人生はかくありたいと思う。黄色い葉鶏頭、これなんか愛しているのだけれども、――」（『映画ファン』昭和十四年十一月号／『全発言』）と語るように小津にとって葉鶏頭（以後表記を統一）は、さまざまな思いがよぎる特別な花になる。家の庭先を、中国の戦地を、そしてあの日の山中を……。

「『ケイトウをもう少しキャメラの方へ』／と小津の声がかかる。木箱の上に植えられた葉鶏頭が縁側の手前やや右の方におかれる。噴霧器で水がかけられる」[*3]……「東京物語」のとみ（東山千栄子）が死んだ朝の場面の撮影風景である。葉鶏頭は家族の死を庭先から見ている。

カラー作品では、葉鶏頭の赤い色がきわだってくる。

五九年、大映に招かれて撮った「浮草」で旅劇団の座長駒十郎（中村鴈治郎）が愛人のお芳（杉村春子）が営む「つるや」を訪ねる場面。庭先の葉鶏頭をながめて駒十郎が「ええ花植えたな」と言う。

あの山中の言葉を使っている。戦地で関西弁の兵隊に会うと山中を思い出すとも言った小津。駒十郎も関西弁だ。『小津安二郎全集』（新書館）所載の脚本に、このセリフはない。小津にはめずらしい現場での追加か。

山中貞雄を偲び、伝えるべく一九四一年に結成された「山中会」は、毎年集まりを持った。『蓼科日記』によれば「浮草」準備中の五九年六月二十二日、小津の発案で会を蓼科で開いている。「人数は少なけれども盛宴。十二時に及ぶ。これはこれで小じんまりした山中会というべし」。

この年の山中の命日は「浮草」の撮影にぶつかっている。『小津日記』を照応すると、九月五日から二十六日まで大映東京撮影所で「つるや」のセット撮影。九月十六日「つるや　九日目／中村　杉村」、命日の十七日は「曇時々雨／つるや　十日目」とあった。「ええ花植えたな」は、この日の撮影かも、と思いたくなる。そして芝居小屋の客席に流れる「お数寄屋坊主の宗俊が、アタマの丸いを幸いに、衣で姿を忍ケ岡……」と言うセリフは『天衣紛上野初花』第二幕玄関先の場。脚本にも明記してあり、この使用箇所は「麦秋」と同じである。

「浮草」を撮影した宮川一夫は、山中に「助手時代からずい分可愛がってもらい」、撮影者が監督の女房なら、山中は「初恋の人」という間柄だった（宮川一夫『キャメラマン一代』ＰＨＰ研究所）。

山中貞雄は、召集を受ける年の春、「森の石松」を最後に日活京都からP.C.L.（東宝の前身の一つ）に移籍、東京に出る。

「これからの人間　矢張東京に出ないと駄目だと一人息子の先生の気持です　PCLでとんかつ作るかも知れませんが兎に角江戸へ出たくてたまりません　云々」（『小津日記』三七年一月三日）と、山中は小津宛の手紙で、みずからの心境を小津作品にたとえている。「とんかつ」とは現代劇の意味か、山中は新しい意欲にあふれていた。「彼は先づ新劇を観に行った。『北東の風』[*4]に感激した。現代劇をやるなら、ああいうものをやって見たい。（中略）来年になったら『夜明け前』（島崎藤村の小説）を撮らして貰う約束や——彼は、従来の山中調と称ばれるものにあきたらなくなっていたのは、事実だった」（筈見恒夫「山中貞雄・追想」『キネマ旬報』三八年十月十一日号）。

しかし東京生活も「人情紙風船」を撮ったのみで、わずか半年で終わる。「『人情紙風船』が山中貞雄の遺作ではチトサビシイ」と遺書に記した気持ちには、現代劇を撮れなかった悔しさも入っていたはずだ。

戦地で再会した時の山中について「還ったら現代物を撮りたいという感じが非常にあった」と小津自身も言っている（「戦争と映画を語る」『映画ファン』三九年十一月号／『全発言』）。現代劇の目標かつライバルに小津の映画があったのは言うまでもない。

「小早川家の秋」（六一）でも葉鶏頭を家の縁側に咲かせている。ラスト、農家の夫婦（笠智衆と望月優子）が川辺で葬儀場の煙突のけむりを見て「死んでも死んでも、あとからあとからせんぐりせんぐり生れてくるワ……」「そやなァ……よゥ出来《でけ》とるわ……」と会話する場面がある。黒い烏が川辺に何羽か降りている。

　山中の遺稿たる「陣中日誌」には、みずからの従軍生活を元にしたシナリオ風のメモがある。除隊したら撮ろうと思った映画のメモだろう。その最後は「空、戦火、黒煙が夕立雲の様／荒れ果てた土の上の烏三羽」とある。千葉伸夫は「小津の晩年の作品『小早川家の秋』の不気味なラスト・ショットを思い起させる」と指摘している。[*5]

「山中がし残したことを自分がいつかやりとげる」……それを心に刻むように小津は、まっすぐに茎をのばした葉鶏頭を画面に咲かせていた。

*1　石坂昌三『小津安二郎と茅ヶ崎館』（新潮社）によれば、原作『父と娘』の広津和郎に許諾を求めた打合せに志賀が同席。『小津日記』と照応すると四九年三月四日と思われる。
*2　『映画読物』四九年九月号。『小津安二郎を読む』（フィルムアート社）の千葉伸夫作成年譜から引用。
*3　池田哲郎「小津監督の芸・色・髭」（『丸』五三年十二月号）。『語録集成』から引用。
*4　久板栄二郎作、杉本良吉演出、滝沢修主演、新協劇団により築地小劇場で上演された。
*5　この部分は千葉の指摘を含め『山中貞雄作品集』（実業之日本社）からの引用。

第七章　ひとりぼっちのメロディ

一九三八年九月十七日、山中貞雄は二十八歳と十ヶ月で戦病死した。あまりにも早すぎる。一九〇九年十一月八日が誕生日の山中に対して、たとえば黒澤明は一〇年三月二十三日。わずか四ヶ月違いである。三八年ころの黒澤はまだ山本嘉次郎監督「綴方教室」の製作主任（助監督）時代。山中が生きていたら、と想像はふくらむばかりだ。

山中の死後、雑誌に掲載された遺書やメモは、戦地で読んだ小津の心に深く刻まれる。三八年十二月二十日の『小津日記』は「中央公論十二月号の山中貞雄の遺書を読む。撮影に関するnoteがある。その中に現代劇に対しての烈々たる野心が汲みとれて　甚だ心搏たれる。詮ない事だがあきらめ切れぬ程に惜しい男を失した」と記す。小津は、従軍してから書かなかった日記をこの日から再開する。

「手紙」と題する文章では「山中も入った野戦病院。白い天井も、白い寝台も、何の草花もない名ばかりの病室に、戸板を並べて藁を敷いた寝台に、枕を並べた戦友達の間から、一人武運拙く静に眠って行った山中が、今こそ激しく身近に感じられた。いい奴だった。得難い友達だった。

僕は眼頭を拭った」（『キネマ旬報』三九年一月一日号）と心情を素直に吐露している。

小津は三九年七月に除隊、およそ二年ぶりに帰還すると、友の追悼に力を注ぐ。翌八月、京都へ行き山中の遺骨を拝み、四〇年には『山中貞雄シナリオ集』出版の装幀をする。四一年三月、四年ぶりの監督作「戸田家の兄妹」が公開、大ヒット。同年九月の山中四回忌には京都の大雄寺に山中貞雄之碑が建立され、小津はその碑文を揮毫（撰文はキネマ旬報社長の田中三郎）。十一月からは「父ありき」の撮影に入った。

さかのぼって三七年八月、山中が召集の報告に高輪の小津の家を訪れたとき、小津は池田忠雄、柳井隆雄と「父ありき」の脚本作業をしていた。

柳井の回想によれば「庭に鶏頭の花が咲いていた。『仰山植えたんやなあ』とその鶏頭を見ながら、山中氏のつぶやいたのが印象的だった。その言葉がヒントになって、最初のシナリオには、鶏頭の俳句が二句入れてある[*1]（『キネマ旬報別冊・日本映画代表シナリオ全集5』）」。しかし二週間後に小津も応召したため製作は中断となった。再開にあたっては父の役が当初予定の斎藤達雄から笠智衆になり、脚本に息子の徴兵検査など時局に合わせた変更を加えた。

息子（佐野周二）が父の遺骨とともに夜汽車に乗っているラストシーンに、小津は「海ゆかば」の音楽を使っている。

万葉集の大伴家持の長歌から　♪海行かば　水漬く屍　山行かば　草生す屍　と歌われる「海ゆかば」は「ＮＨＫアーカイブス」ＨＰによれば三七年「当時の大日本帝国政府が国民精神総動員強調週間を制定した際のテーマ曲。放送協会の嘱託を受けて信時潔が作曲。本来は、国民の戦闘意欲高揚を意図して依頼され」たもの。いわばキャンペーン・ソングである。「第二の国歌として愛唱された。戦時中のラジオ放送で、大本営発表の冒頭に流されたことで戦争の印象が強くなり、戦後は事実上の封印状態が続いた」。そのために戦後、占領軍への対応から「父ありき」の「海ゆかば」部分もカットされていた。しかし九〇年代末、ロシアのゴスフィルモフォンド（国立の映画保存機関）で、その部分が残るフィルムが発見され、二〇〇一年三月に国立近代美術館フィルムセンター（現・国立映画アーカイブ）で上映。それを見た川本三郎は「最後に『海ゆかば』が流れたときは〝えっ、この曲が！〟と驚愕」し、次のように指摘している。

「海ゆかば」は悲しい曲である。久世光彦は「壮大な鎮魂曲」と書いている。小津安二郎が「父ありき」の最後に、この曲を使ったのも、決して好戦的な意図ではなく、むしろ鎮魂曲として使いたかったのだろう。

親友、山中貞雄監督を日中戦争で失ない、自らも中国戦線で一兵士として戦った小津安二郎にとって「死者の鎮魂」が大きな主題となったことは疑い得ない。（「小津安二郎と『海ゆかば』」『はるかな本、遠い絵』角川書店）

「父ありき」撮影中の四一年十二月八日の真珠湾攻撃により戦線は太平洋全域に拡大する。すでに三八年四月国家総動員法が公布、三九年十月には映画法が施行、挙国一致尽忠報国堅忍持久が叫ばれ、映画産業は厳しい臨戦体制下にあった。配給も一元化、紅白二系統の上映となり、四二年四月一日公開の「父ありき」は白系第一回配給作品だった。
「父ありき」の当時の新聞広告に〈情報局国民映画参加作品〉とある。国民映画は「国民生活に根ざし、高邁なる国民的理想を顕現すると共に、深い芸術味を有し、ひいては国策遂行上、啓発宣伝に資する」作品で、参加作には脚本執筆助成金各五百円、製作に当って各二千円を交付、完成した作品から情報局総裁賞を授与するというもの。結果は五本の参加から、情報局総裁賞は該当ナシ、情報局賞として賞金千五百円が「父ありき」と「将軍と参謀と兵」(田口哲監督)に贈られた。[*2]

ただ、模範的な司令官中将(阪東妻三郎)が登場する「将軍と参謀と兵」に対し「父ありき」の父は軍人ではない。実直に生きた平凡な父と男手一つで育てた息子との情愛を描く地味な話だ。国策臭は強くない。だから、うがった見方をすれば「国策遂行上、啓発宣伝」の国民映画らしさを強調すべく「海ゆかば」を使ったと考えられなくもない。[*3]

公開前日の四二年三月三十一日の朝日新聞で(Q)こと津村秀夫は「小津安二郎の芸術としては後半がサラサラして厚味に乏しい」「特に国民映画としては後半が大きな瑕であろう。最後の『海ゆかば』の曲も唐突で不可解だが」と評している。

私もロシア版を見て、正直ちょっとなじまない気がしたが、それも無論承知で小津が強調し、表明したかったものが「死者の鎮魂」だったのだろう。「父ありき」という作品には、中断もふくめて完成までにおよそ五年の歳月がある。その間に、山中の応召、小津の応召、戦場の日々、山中の戦病死、小津の生還があった。

「海ゆかば」のメロディは「いい親爺だったよ……」と息子がつぶやき、窓外を見るところから流れはじめ、荷物棚の骨箱へとつながる。「いい親爺だったよ……」は「いい奴だった。得難い友達だった」山中に重ねられた。

川本はまた「海ゆかば」が、内田吐夢監督の時代劇「血槍富士」(五五)のラスト、激しい戦いの末、主人の仇を討った槍持(片岡千惠藏)が遺骨を抱いて故郷に帰る場面にも使われていることを指摘する。満州映画協会に渡り、戦後は八年以上も中国で抑留生活を送って帰国した内田の十数年ぶりの監督復帰作だが、時代劇なのになぜ? 満映の同僚で抑留も共にした岸富美子も「ラストシーンに『海ゆかば』が流れるんですけれど、それには少し違和感があった」(岸富美子・石井妙子『満映とわたし』文藝春秋)と言う。

川本は「日中戦争から太平洋戦争にかけての時代、多くの悲劇的な死を見てきた内田吐夢としては復帰第一作のなかでどうしても使いたかったのだろう」と内田の心情に寄り添う。「父ありき」の小津と同じ思いだ。そして「血槍富士」の画面クレジットに「企画協力」として伊藤大輔、清水宏と共に小津の名前があることも因縁めいている。[*4]

「秋刀魚の味」(六二)のラスト、酔って帰宅した平山周平(笠智衆)は「軍艦マーチ」を口ずさみ、それを受けた音楽がそのアレンジからテーマ曲へと移って〈終〉となる「海ゆかば」も「軍艦マーチ」も、軍歌や行進曲の勇壮さは、無数の死者を引き換えにしている。

すでに述べてきたように「秋刀魚の味」の人物には、小津に身近な死者がからんでいた。口ずさむ周平の姿に、酔わなければ出てこない小津のホンネがのぞく。周平は「ひとりぼっちか」とつぶやくけれど、それは結婚による娘（岩下志麻）の不在をそのまま語るものではない。早く寝ろよ、風邪ひいちゃうぞ、俺がメシたいてやるからと、そばで次男（三上真一郎）がぶっきらぼうな物言いながら気づかっているからだ。

以前からずっと周平は〈ひとりぼっち〉だった。娘の不在はその再確認にすぎない。「軍艦マーチ」と結びつくことで、それが戦争で生き残った者の孤独だったことが明らかとなる。

生き残りの責任において、死者たちを忘れてはならぬという鎮魂の思いを抱えながら、周平は、小津は〈ひとりぼっち〉を生きてきたのだろう。

「父ありき」以降の小津に戻ろう。四二年秋から大本営陸軍報道部の企画により「ビルマ作戦遥かなり父母の国」という軍隊物を準備するが四三年六月製作中止となる。

脚本（小津、斎藤良輔、秋山耕作）を読むと、行軍する部隊は「戦争っていうのは歩く事だよ」のセリフどおり、ひたすら歩く。小津もまた歩き続けた。山中の死後に再開した日記にも「あるくことはたゞ意志の力だつた。歯を喰ひしバつて黙々とあるきつゞけた。山中ハ歩兵だつた。これハ山中の供養だと思つた。欲ハ何もない。ただ足を伸してねたい。大きいコップで水道の水がのみたい。うまいものが喰ひたい」（『小津日記』三九年三月二十四日）とある。「山中の供養」という言葉が重い。

足立軍曹（笠智衆予定）が脚切断の重傷を負う。相原伍長（佐野周二予定）が「実は隊長に呼ばれて、今のうちに遺言聞いておくようにと言うと足立は「……無いもんだよ、いざとなると何もないもんだよ。昨夜も一晩考えたんだが……長い間いろいろ皆に面倒かけて、大したお役にも立たなくって悪かったけど、自分としてはやれるだけの事はやった心算だよ」と答える。

このセリフに、山中の遺書の「陸軍歩兵伍長としてはこれ男子の本懐、申し置く事ナシ」という言葉を重ねてみると「ビルマ作戦　遥かなり父母の国」は、小津自身の体験に加え、山中が構想していた戦争映画を精神的に受け継いだものと考えてみたくなる。

脚本の最後、足立軍曹が逝き、兵士たちは「頑張ろうぜ、やれるだけやろうぜ。班長は屹度、どっかで俺達を見ているぜ」と語り合う。見ているのは、班長だけではない。山中だけではない。多くの戦友が遺言もできぬまま死んでいく悲惨な現場に小津は立ちあい、そして生き残った。「ビルマ作戦　遥かなり父母の国」製作中止の後、小津はインド独立を題材にした半ドキュメンタリー映画を陸軍から依頼されるが、情勢悪化でこれも中止。終戦を滞在地のシンガポールで迎え、収容所での抑留生活の後、四六年一月にようやく帰国した。

生き残った小津の戦後がはじまる。

＊1　父が会社の同僚と俳句の話をする場面。句は「住むときめて庭の片隅鶏頭蒔く」と子規の「鶏頭の十四五本もありぬべし」。

＊2　国民映画の項は清水晶『戦争と映画・戦時中と占領下の日本映画史』（社会思想社）と『昭和十七年映画年鑑』（日本映画雑誌協会）による。

＊3　「戸田家の兄妹」も〈終〉タイトルから松竹マークに続く画面で「国民進軍歌」のメロディが四小節分使われている。前の画面とのつなぎが荒いので、戦後、部分カットされた可能性がある。

＊4　「血槍富士」は前年に死去した井上金太郎監督「道中悲記」（二七）のリメイク。映画は井上の追悼企画としてはじまり、監督は清水宏の予定だったが病気により内田の復帰作になった。

第八章　キリンからムジナへ

一九三七年九月から三九年七月までの中国大陸での兵役。四三年六月から四六年二月まで軍報道部映画班員として南方に渡り、戦局がらみの映画企画に関係してシンガポール滞在中に終戦、抑留。三十三歳から三十五歳、三十九歳から四十二歳、気力体力の充実する壮年期、小津は二度も非常の生活を強いられた。

三九年、中国からの帰還後「戦争へ行ってあなたの考えがどうなったかということを訊きたいな」との質問に小津は「懐疑的精神というのはなくなるのじゃないかな。今の話じゃないが、先ず何というのか自分の精神が肯定的精神に一遍戻るのだな。戦争というものは又そういう精神に戻らなければやれるものじゃないよ」と答えている（「戦争と映画を語る」『映画ファン』三九年十一月号／『全発言』）。

別の記事では「自分に云わせて貰えば、戦場は、少しも怖くない。（中略）兵隊にとっては、弾丸が飛来するのは、見慣れた現実だからである」とか「戦地にいて映画のことは、考えなかった。少しも考えつかないのだ。それほど、兵隊になりきっていたのだと思う」と語る（「小津安二郎戦場

談」『大陸』三九年九月号／『全発言』）。

〈肯定的精神〉とは目のあたりにする戦争の現実をそのままに受け入れるということか。〈懐疑的精神〉を棄て、異常を日常となじませ、あるがままを認めなければ狂うしかない。一つの自己防御本能だ。

たしかに小津の戦場は過酷を極めた。

「仲間の坊さんは頭をやられた。脳味噌と血が噴きこぼれ物も云はず即死だった。薬剤師は腕を射抜かれて骨が折れた」（私家版『小津安二郎君の手紙』三八年三月二十四日）。

「こうした支那兵を見ていると、少しも人間と思えなくなって来る。どこへ行ってもいる虫のようだ。人間に価値を認めなくなって、ただ、小癪に反抗する敵――いや、物位に見え、いくら射撃しても、平気になる」（「小津安二郎戦場談」『大陸』三九年九月号／『全発言』）。

「しまいには平気です。人を斬るのも時代劇そっくり。斬ると、しばらくじっとしている。やアと倒れる。芝居は巧く考えてありますネ。そんな事に気がつく程余裕が出来ました」（『都新聞』三九年七月十八日朝刊／『全発言』）。

兵士は戦場で殺し合う。その行為者として小津のみを例外に置くことはむずかしい。殺さなければ殺される。小津は一兵士に徹している。

田中眞澄は『小津安二郎周游』（文藝春秋）で、中国大陸各地を転戦した小津の所属部隊が毒ガスを扱っていたことを精緻な調査に基づいて論じている。同じく田中の『小津安二郎と戦争』（みすず書房）では、小津の「陣中日誌」の内容について「なかでも印象的なのは、中国人老婆が自分の娘を強姦した日本兵を探して部隊長に訴え出て、誰も名乗り出ず（肯定するはずはないだろうが）、部隊長が老婆を斬り捨てる一場面である。このネタ帳の性質からいってフィクションではありえず、当時の日本兵の行状の一端が、ここで否応なしの事実として記録されてしまった」と解説している。

いくら皇国日本の時代とはいえ、こうした体験が心に何も影響を残さぬはずはない。近年の自衛隊のイラク派遣でも、武装勢力の攻撃などに備え緊張を強いられる日々を送った隊員から帰国後に相当数のＰＴＳＤ（心的外傷後ストレス障害）や自殺者が出た事実もある。

激しい銃撃戦、壮絶な死も、戦争映画の一般が描くほどドラマティックなものではないだろう。勇壮な音楽が高鳴ることもなく〈肯定的精神〉が見る世界は、異常までも呑みこみ、すべてを均質化して、淡々粛々と時を刻んでいく。諸行無常である。三八年夏、小津が南京の寺の住職に「無」の一文字を揮毫してもらった心境とも無関係ではあるまい。そして「無」は小津自身の墓に刻まれることになる。

では、中国大陸での過酷な体験から生還し、四一年に発表した「戸田家の兄妹」と翌四二年の「父ありき」にその影響がうかがえるだろうか。

結論から言えば、大きな変化は感じられない。「戸田家の兄妹」は、経済界の名士だった父が急死、家が没落する中で、残された子たちは自身の生活を優先するあまり母と末妹を冷遇する。一周忌の席で、中国の天津から戻ってきた次男の昌二郎（佐分利信）は激怒。兄の進一郎（斎藤達雄）を厳しく詰問し、妹の綾子（坪内美子）を平手打ちする（戦後カットされた）。昌二郎は母たちを天津に引き取る。

むしろ〈変らない〉ことへの意識が強くあったのかもしれない。映画の戸田邸は、前作「淑女は何を忘れたか」（三七）と同じく麹町に設定されている。

「淑女は何を忘れたか」は、わがままな妻の時子（栗島すみ子）の尻に敷かれる医学部教授の小宮（斎藤達雄）が、大阪の姪・節子（桑野通子）と共に、ささやかな抵抗を試みるコメディ（大阪弁の桑野が魅力的）。終盤で小宮が妻を平手打ちして諌める場面がある。この平手打ちは男の甲斐性とみなされ、夫を惚れ直すことに結びつく。

「淑女は何を忘れたか」からの流れで言えば今回はそんな麹町ブルジョワの崩壊を描いたことになる。そして斎藤達雄が敵役と言うべき長男に回っている。斎藤はここまで三十八ある小津作品のうち二十二に出演している常連。代表作は「生れてはみたけれど」（三二）のサラリーマンの父親役か。海外生活もあり、洗練洒脱な雰囲気は、小津のハイカラ趣味にも合った。小津の敬愛したエルンスト・ルビッチ監督「結婚哲学」（二四）などのアドルフ・マンジューを思わせ、長身でヒゲの感じは、小津本人にも似ている。

その斎藤が演じる進一郎を容赦なく批判する昌二郎は、安二郎と一字違いの名前で、共に次男で中国帰りという点から、小津自身の投影と見る批評がよくある。

兄の進一郎に対し小津の兄は新一。題名の由来する里見弴の『安城家の兄弟』（第三章参照）も、兄有島武郎をからめた自伝的小説で、主人公の名前は昌造である。もっとも実際の小津家とは家族構成が違うし、物語はあくまでフィクションだが、登場人物の名前にこだわる小津ならば〈昌二郎〉も意識しての命名だったはずだ。

とすれば、ともに小津自身を背負う斎藤達雄の長男、安二郎と一字違いの次男は、陰対陽、過去対現在、懐疑的精神対肯定的精神……いずれにせよ中国から生還した小津が、もう一人の自分を責める構図だ。非難をまくしたて平手打ちする昌二郎の勢い、そして母と末妹を引き取り大陸に渡る毅然とした行動（歴史的には賢明な判断だったと言えない）には強い自負心や責任感を見る思いがする。

本来、帰還第一作に予定されながら検閲で中止に至った「お茶漬の味」の脚本（戦後五二年改変して映画化）にも「淑女は何を忘れたか」の世界を継承し、妻への平手打ちが出てくる（主人公の姓は「戸田」である）。戦前のオトコ社会では珍しくないのかもしれないが、かくも女性への平手打ちを演技表現に認める小津の気質がちょっと気になる。戦後も「宗方姉妹」（五〇）で山村聰が田中絹代の頰を平手打ちする。

こうした責任感なり自負心は、次の「父ありき」にも見られる。父・周平（笠智衆）は、自分の過失でもないのに修学旅行で生徒が水死した事故の責任を取り教師をきっぱり辞めてしまう。

前章で述べたように「父ありき」は小津が出征する前からの企画だった。再開にあたり、脚本に時局に合わせた変更を加え、父の役が当初の斎藤達雄から笠智衆になる。前作「戸田家の兄妹」の長男像を引きずらせたくないという判断があったかもしれない。教師時代の父のあだ名も「キリン」から「ムジナ」に変る。斎藤と笠を言いえて妙である。[*1]

笠は斎藤と同じく小津の第二作「若人の夢」（二八）から出演しているが、もっぱら主演の斎藤に対して端役が続く。小津は笠の肥後もっこす的実直さを気に入り、ほとんどの作品に起用。「落第はしたけれど」（三〇）でタイトルに名前がのり「一人息子」（三六）の教師役が出世作となる。

ある時、笠が出た渋谷実監督「櫻の國」（四一）の試写を見た小津が「君は、悲しい時には悲しい顔、嬉しい時には嬉しい顔、なんか絵に描いたような演技をするね。俺のところでやる時は、表情はナシだ。お能の面でいってくれ」と言ったという（笠智衆『小津安二郎先生の思い出』朝日文庫）。

これが初主役での「父ありき」出演依頼だった。

〈表情ナシ〉に対すれば、斎藤達雄なら「生れてはみたけれど」の家庭ムービーの百面相を思い出してしまう。やや乱暴に言うと、これまでの小津映画の主人公は、都会的モダンさの斎藤達雄、〈喜八もの〉と呼ばれる「出来ごころ」（三三）など下町人情味の坂本武が代表してきたのが、ここで能面の笠智衆に集約され、静かに移行していく。「一人息子」で初めて挑んだ老け演技も本格化する。

主役の交代に〈肯定的精神〉の影響があったかどうか。たしかに〈表情ナシ〉からは、事象や人物に対する客観的態度が出てくる。感情を表に出すのを控え、言葉を慎み、自分より家族のこれからを思い、まじめで責任感の強い、戦後に笠が演じた周吉・周平像が生れた。小津にとっては、かくありたい自画像でもあったろう。首の長いキリンではなく、首をたれるムジナ。この違いは意外と大きいのではと私は思っている。

「戸田家の兄妹」の昌二郎、「父ありき」の父と同じように、小津自身も責任感の強い性格だった。戦後「晩春」（四九）、「麦秋」（五一）、「お茶漬の味」（五二）、「東京物語」（五三）と四本の製作を担当した山本武は、小津の人物について「責任感という点では？」という質問に「強い。同時に相手にもそれを要求し、信頼すると一切まかす」と答えている（池田哲郎「小津監督の芸・色・髭」『丸』五三年十二月号／『語録集成』）。

小津の内地帰還が敗戦から半年後の四六年二月に延びたのは、第一回引き揚げ船のくじ引きに当ったのに「俺は後でいいよ」と順番をスタッフに譲ったため、というエピソードがある。

前章末で触れたように、小津は「ビルマ作戦　遥かなり父母の国」中止の後、インド独立を題材にした映画を撮る予定だったが、情勢悪化で中止が決まる。ところが連絡の行き違いから、美術の濱田辰雄、助監督の山本浩三など小津組スタッフが日本を出発してしまう。

それを知った小津は目を真っ赤にして怒ったと撮影の厚田雄春は回想する。「戦況のよくない洋上で船がやられたらどうするんだ」「あんなに激しく怒られたのは、後にも先にも、あんときだけですよ」。命からがら到着したスタッフたちも結局は小津と一緒に抑留されることになる。「そうした責任を感じておられたんで、終戦後、帰国の順番を決めるとき、俺は一番最後でいいんだとおっしゃったんじゃないでしょうかね」[*2]。山本武には「あのとき、スタッフのひとりでも死んでいたら、俺は坊主になっていただろう」と言ったという（『人と仕事』の山本武の回想）。

小津の帰還から三ヶ月後の四六年五月、極東国際軍事裁判がはじまる。戦争犯罪、戦争責任があれこれ叫ばれるなか、こうした小津が、みずからの〈戦争〉をどう見つめ直そうとしたのだろうか。

＊1　坂本武が演じた平田先生のあだ名が、旧脚本ではムジナ。笠智衆を想定していたのか？
＊2　厚田雄春・蓮實重彥『小津安二郎物語』（筑摩書房）による。

第九章　回復へのキャッチボール

「ただ記憶にのこるのは、そろそろ敗戦の色が濃くなって来ると、軍人をはじめとするお偉方たちが、戦争が負けたら切腹するといきまいていた。どうも切腹は困るが、ぼくだけ生きのこるわけにも行くまい。仕方がないからドイツ製の催眠薬ベロナールを手に入れ、これを酒にまぜて飲もう、いい気持に酔っぱらって死ねば、いかにもぼく流でよろしかろう、と考えていた。ところが、いざ敗戦となると、切腹を叫んでいた軍人たちの負けっぷりが、実に鮮やかなのである」（「酒と敗戦」『キネマ旬報』六〇年八月下旬号）と小津はシンガポールでの敗戦当時を諧謔気味に振り返る。

一億総玉砕が叫ばれ、多くの日本人と同じように小津も死を覚悟したものの、幸いなことに生き残る。四六年二月に引き揚げ船で帰還した小津は休養ののち翌四七年「長屋紳士録」を撮り五月に公開される。「父ありき」（四二）以来五年ぶり。四十三歳になっていた。

「大体シンガポールで、僕は生涯のうち最も多量に外国映画を観たんだ。それで、あいつもこれで少しは変るだろうと思った人もいるらしいんだな。処が『長屋紳士録』、少しも昔と変らないというわけだ。何てしぶとい奴だ、ってね」（『人と芸術』）という発言もある。

「少しは変るだろう」と周囲が思ったのは、外国映画のせいではないはずだ。もともと小津は外国映画に影響を受けてきた。一億総玉砕から一億総懺悔へ。ＧＨＱ統治の新体制下にあって、文化一般が軍国主義批判民主主義万歳的な内容に彩られた時代である。そんな風潮にあって「長屋紳士録」は戦前の作品とつながる「昔と変らない」内容だった。敗戦日本に遅れて帰還した小津にとり、自家薬籠中の題材を選ぶのは賢明な判断でもあったろう。「何てしぶとい奴だ、ってね」と言うときの顔はきっとニンマリしている。過酷な中国戦線から生還しての「戸田家の兄妹」(四一)、「父ありき」(四二)と同じように、敗戦の後も自分は変らない、変らなかった、という強い自負心がうかがえる。

あちこち焼け跡が残る築地本願寺近くの復興長屋。ひとり暮らしの荒物屋おたね(飯田蝶子)が迷子になった男の子(青木放屁)をあずかる羽目になる。寝小便はするし「わたしゃ子供嫌いなんだよ」と言うおたねだが、次第に愛情がわく。このまま育てようかと考えはじめた矢先、父親が引き取りに現れる。

飯田をはじめ、河村黎吉、坂本武、笠智衆、吉川満子など、なじみの俳優が顔を揃えている。坂本は「出来ごころ」(三三)などと同じく役名は喜八。そもそも「長屋紳士録」は「出来ごころ」の当初の題名だった。飯田蝶子なら、女手ひとつで息子を育てた「一人息子」(三六)を思い出す。

河村が錺《かざり》職人、坂本が染物屋、笠が八卦占い、吉川が芸妓、それぞれの職業も昔ながらで、会話にもつきあいの深さが感じられる。笠がうなるノゾキからくりの口上に合わせ、茶碗を叩き箸を動かす連中の呼吸のよさ。

父親が現れ、男の子を引き取った後、おたねは泣き、子どもが欲しくなっちゃったんだよと言う。おたねは子を亡くしていた。ラストは、上野の西郷さん周辺の映像。脚本は「その廻りに戦災の家のない子供たちが大勢遊んでいる。やがて子供達は幸せになるであろう」と終える。

子を亡くした母が、親にはぐれた子と親子になろうとする。空襲にあっても長屋には戦前そのままの人情が続いている。そんな家族や共同体の回復には、自身の願いを重ねているようだ。

翌四八年九月公開の第二作「風の中の牝雞」(四八)は夫婦関係の回復である。夫・修一(佐野周二)の復員を待つ間、子どもの入院費用の必要から体を売ろうとした妻・時子(田中絹代)の苦悩を描いている。

戦後の混乱を背景にした小津の異色作とみなされることがあるけれど、題材自体はめずらしいものではない。

「出来ごころ」では子どもの大病のために金が必要となり、春江(伏見信子)は身売りを考える。「一人息子」でも子どもの入院費問題が出てくる。「東京の女」(三三)のちか子(岡田嘉子)は弟の学費のため、昼はタイピスト、夜はあやしい酒場で働き、売春も暗示される。

「風の中の牝雞」で夫が小突いて妻が階段から落ちる有名なシーンは、小津の尊敬する志賀直哉の『暗夜行路』の影響やシンガポールで見た「風と共に去りぬ」(三九)の階段転落シーンとの類似がよく指摘されるが、これも前章で触れた〈小津の平手打ち〉のバリエーションという解釈ができると思う。

だからこの映画も、新生小津をめざしたというより「長屋紳士録」と同じく「少しも昔と変らない」自分の世界を戦後に置き換えてみた作品のはずだった。

しかし「――作品というものには、必ず失敗作があるね、それが自分にプラスする失敗ならいいんだ。しかし、この『牝鶏《ママ》』はあまりいい失敗作ではなかったね」（『人と芸術』）と自身が失敗作とみなすように、「変らない」自分の映画づくりと〈戦後〉との間にもどかしさが生れている。

松竹脚本部出身の猪俣勝人は「日本に帰った小津安二郎は、やはり疲れていたし、急変した敗亡の日本のすがたにはさすがに直ぐには手が出せなかったようだ。（昭和）二十二年になって、やっと『長屋紳士録』をつくった。一応ベスト・テンの第四位にあげられたが、あまり感心できるものではなかった。その翌（昭和）二十三年の『風の中の牝鶏《ママ》』も、なにかペースが整わないものだった」（『日本映画名作全史・戦後編』現代教養文庫）と指摘している。

過去の作品と違うのは、体を売ることが前面に出ていることだ。「大学は出たけれど」（二九）、「東京の合唱」（三一）など生活苦や就職難をコミカルに描いてもきたが、不在中の妻の貞操という問題はリアルすぎた。

田中絹代も暗い。生活に疲れきった表情、若いとはいえない体（脚本設定は二十八歳、田中は撮影当時三十八歳）は、状況のやりきれなさを強く感じさせる。すでに田中は四ヶ月前に公開の溝口健二監督「夜の女たち」で戦争未亡人の娼婦を演じてもいた。

佐藤忠男は階段転落のシーンについて「この発作的な暴力は、べつに意識的に階段からつきおとそうとしたのではなく、ちょっと小突いたところがそうなった、という表現になっているとはいえ、戦場での兵士としての彼を暗示していたとは言えないだろうか。そして、そのあと彼が妻に対して示す後悔は、彼の、あるいは小津自身の、兵士としての罪の意識とは無関係のものであろうか」（『完本小津安二郎の芸術』朝日文庫）と指摘する。

戦争という非常から日常の生活へ復帰したものの、夫は戦後の居場所を見つけられないでいる。夫役の佐野周二は三八年七月に応召、二年半を中国大陸で従軍した。三八年九月二十五日の『読売新聞』夕刊には、南京で佐野が小津に会い、なかよく微笑む写真が大きく掲載されている。その後も漢口で再会。言わば小津とは戦友。佐野が演じる夫に、小津の精神的自画像の要素を見るのは不自然なことではない。

あやまちを夫の修一に知られて気まずい時間が流れる場面。脚本のト書き「修一、いきなり激情的にぐっと時子を抱き寄せ」た後、カメラは子どもが寝る部屋から二人をとらえる。するとタンスからふわりと紙風船が転がり落ちる。肩を落とした修一の背中のそばに紙風船がある。

山中貞雄監督「人情紙風船」（三七）ではないか。毎日職探しに明け暮れる浪人、又十郎（河原崎長十郎）の女房おたき（山岸しづ江）は、紙風船作りの内職をしている。畳に転がる紙風船を又十郎がじっと見ている場面もある。おたきは夫に絶望して無理心中して果てるが、ラストは子どもの持っていた紙風船が転がり溝を流れていく。

脚本を書いた三村伸太郎は「私はどん底から明るい空を翹望している人間達を描こうとしているのに山中はことさらに救いなき現実の世界から猶計り知れぬ深淵に落ち込ンで行く主人公を描

写することに精魂を尽しているかのようである」（『映画ファン』三九年十一月号／千葉伸夫編『監督山中貞雄』実業之日本社）と回想している。生きることの重さが、紙風船の軽さによって逆照射されていく。「風の中の牝雞」も「人情紙風船」も、夫の不在、甲斐性のなさから悲劇は生れている。あるかなきかのプライドのせいか、夫たちは、妻ほどには現実の、生活の厳しさに向き合っていない。

「風の中の牝雞」の「風」に「風と共に去りぬ」を指摘するならば、「人情紙風船」の「風」も加えるべきではないか。

紙風船は、山中の「河内山宗俊」（三六）にも出てくる。弟広太郎（市川扇升。小山内薫の息子である）の不始末で三百両の金を工面しないとお浪（原節子）は身売りとなる。姉と弟が対する深刻な雰囲気のところへ近所の子どもが「風船ちょうだい」とやってくる。お浪はいきなり弟を二三度平手打ちする。子どもは紙風船を口に当てながらそっと出ていく。綿雪の降る中、紙風船をつきながら子どもが歩く画面が実に美しい。紙風船は、山中の好きな小道具だった。

そんな〈山中の影〉はすでに「長屋紳士録」にもあった。ひょんなことから他人の子を預かる話は「丹下左膳餘話・百萬兩の壺」(三五)と似ている。おたねが子どもをメッ！とにらみ迷惑千万気味だったのが、しだいに愛情に変っていくさまは「百萬兩の壺」の「わたしがあんな汚い子を家に入れると思ってるの？」「誰があんな子どもにごはんなど食べさせてやるもんか」と言っていたお藤（喜代三）が次のカットでは逆転して「どう、おいしい？」と、ちょび安（宗春太郎）を家で歓待している場面を思い出させる。

中止に終わった「ビルマ戦記　遥かなり父母の国」と同じく、山中が夢見た現代劇を受け継ぐように「長屋紳士録」は「百萬兩の壺」の、「風の中の牝雞」は「人情紙風船」の現代風アレンジを意識していたのか。

小津と山中が、この世とあの世の間でキャッチボールしている。山中の思いを回復のよすがとして、小津は戦後をはじめていた。


戦後、生き残った日本人はふたつの気持に引き裂かれた。生きていてよかったという思いと、他方、戦争で死んでいった者に対して申し訳ないという思いとに。戦後の混乱期をなんとか前向きに生きようとする思いと、他方、過去を、死者を忘れてはいないという思いとに。（川本三郎『映画の戦後』七つ森書館）

小津は次の「晩春」（四九）で確かな回復の手ごたえを感じとる。それは、繰り返し続けられた人の営み、家族という「少しも昔と変らない」世界にみずからの映像スタイルを一体化させることだった。

小林信彦（一九三二年生れ）は「この年の秋は、黒澤明の『野良犬』、木下恵介の『破れ太鼓』などが出た上に、〈終った人〉と見られていた小津安二郎が『晩春』を発表して、われわれ戦後世代をおどろかす」（『新編われわれはなぜ映画館にいるのか』キネマ旬報社）と書いている。

第十章　終った人、はじまる。

「少しも昔と変らない」と言われた「長屋紳士録」（一九四七）、「あまりいい失敗作ではなかった」と自身も認めた「風の中の牝雞」（四八）。前章末で書いたように〈終った人〉と見られていた小津が、小林信彦ら戦後世代を驚かせたのが次の「晩春」（四九）だった。大ヒットして「戸田家の兄妹」（四一）以来のキネマ旬報ベスト・テン第一位にもなった。

封切時に見た深作欣二（当時十九歳）は言う。「これはかなわないと思ったのは、小津さんでしたね。『晩春』です」「みんな焼け跡にキャメラを持ち出さなければとか、戦後を描かなければとか、新しい時代が来たんだからとか言ってるのに、新しい風、そんなものどこ吹く風（笑）」（深作欣二・山根貞男『映画監督深作欣二』ワイズ出版）。たしかに「仁義なき戦い」（七三）の戦後とは、えらい違いではある。

撮影台本の製作意図には「漸く婚期を過ぎようとする或る大学教授の一人娘が、長い間のやもめ暮しの父との間の相互の良き意志と深い理解とに基く豊かにして強い愛情と周囲の人々の善意とによって結婚するに至るまでの清澄にして美しき世界を描かんとする」とある。

二〇一五年九月五日に原節子が九十五歳で亡くなったことが公表されたのは、二ヶ月あまり過ぎた十一月二十五日だった。偶然にもその日、私は東銀座の東劇で「晩春」のデジタル・リマスター版を見ていた。

スクリーンで見るのは久しぶりだった。あらためて感じたのは、茶会にはじまり、能鑑賞に古寺めぐりと、暮らしぶりの上品さ、清潔さだ。この時代に私は生れていないし、育ったのも愛媛の田舎だが、一年前の「風の中の牝雞」と比べれば、画面から戦争のアリバイがぬぐわれ、鎌倉、京都と、昔も今も変らない日本の風景が選ばれる。

世間一般の言う〈小津調〉の基本、娘の結婚話のはじまりでもある。

脚本共作で「箱入娘」（三五）以来、十数年ぶりに野田高梧（一八九三〜一九六八）と組んだことが大きい。以後、遺作の「秋刀魚の味」（六二）まで不動のコンビとなった。監督第一作「懺悔の刃」（二七）も野田の脚本である。

「実を言うと、僕は『風の中の牝雞』という作品を好きでなかった。現象的な世相を扱っている点やその扱い方が僕には同感出来なかった。で、ハッキリそれを言うと、小津君も素直にそれを認めてくれ、そして二人で茅ヶ崎の旅館にこもって『晩春』を書くことになったのである」と野田は振り返る（『人と芸術』）。前二作に後悔や反省はあっても、ではどうすべきか。小津は十歳年長の野田を頼る。光明は〈娘の結婚〉にあった。

「一人息子」（三六）では母、「父ありき」（四二）では父が、片親ながら一人息子を育てる。「晩春」では、それを一人娘にスライドした。

「……持つならやっぱり男の子だね、女の子はつまらんよ――せっかく育てると嫁にやるんだから……」と父・周吉（笠智衆）は言う。〈家〉の考えがまだ根強い時代、親と離れて暮らしていても、息子ならつながりは続くが、娘は嫁いで家を出る。残される親の孤独差は大きい。

鎌倉で大学教授の父・曾宮周吉と暮らす娘の紀子（原節子）は二十七歳。「戦争中海軍なんかで働かされ」「買出しで、芋の五、六貫目も背負った」ため体をこわし、結婚が遅れているのを、父をはじめ周囲は気づかう。父と娘の間でさまざまな感情が交錯した後、ようやく結婚が決まり、二人は京都を旅する。宿の部屋で「このままお父さんといたいの」という紀子に、周吉は「――お父さんはもう五十六だ。お父さんの人生はもう終りに近いんだよ。だけどお前たちはこれからだ。これからようやく新しい人生が始まるんだよ。つまり佐竹君と、二人で創り上げて行くんだよ。お父さんには関係のないことなんだ。それが人間生活の歴史の順序というものなんだよ」と言う。

周吉と紀子の年齢は、野田と長女・玲子と同じに設定している。周吉と助手（宇佐美淳）との関係は「淑女は何を忘れたか」（三七）のドクトル（斎藤達雄）と助手（佐野周二）を和風化した感じだが、脚本家の日常にも通じ、娘への視線は野田の感懐を基本にしているようだ。

そんな私小説気分にも支えられて描こうとした敗戦四年後の「清澄にして美しき世界」とは「人間生活の歴史の順序」に寄りそった世界であったろう。その順序を狂わせ分断したのが戦争である。「麦秋」（五一）でも「東京物語」（五三）でも、親が嘆くのは息子の戦死だ。結婚するのが当り前の時代、膨大な死者のぶん、未婚女性や未亡人を残すことになる。

一般に二十歳から三十四歳が結婚適齢期（今や死語）と言われるそうだが、これはそのまま最前線兵士のメイン年齢層でもある。適齢期人口を国勢調査などの統計から概算してみると、敗戦直後の四六年で男六九〇万人・女九四〇万人と二五〇万人も違う。いかに若い男子が死んでいったか。

歴史の順序を回復させる基本手段は、次世代につなげる結婚である。「晩春」で紀子の夫となる佐竹熊太郎は画面に登場しない。相手の人柄云々よりも、まず結婚という通過儀礼が優先される。

そして結婚は、小津自身の問題でもあったはずだ。長い戦争から解放され四六年二月に帰国したとき小津は四十二歳。母親はじめ兄弟親類知人などから（よく知られている小田原の芸者森栄との関係もふくめ）身を固める話はかなりあったと想像する。「麦秋」で紀子（原節子）の縁談相手に出てくる真鍋なる人物は、四国の名家の次男で四十二歳ながら独身。きっと真鍋も戦争で結婚の時機を逸していたのだろう。

しかし「晩春」の小津の立ち位置はもはや紀子側にはない。戦中の「戸田家の兄妹」では安二郎と一字違いの昌二郎（佐分利信）の結婚話をからめていたのが、一気に「お父さんの人生はもう終りに近いんだよ。だけどお前たちはこれからだ」と周吉側に寄せる。親友の小野寺（三島雅夫）が再婚して幸せなのを知りながら、周吉は再婚より孤独を選ぶ。

笠智衆は小津を「先生」と呼んで尊敬し続けたが、ほとんど同い年である。「父ありき」（四二）で見せた老け役はここから本格化する。それは小津が扮装したニセ老人か。「晩春」の周吉は五十六歳。「麦秋」の周吉（菅井一郎が演じたが笠の予定だった）は六十八歳。「東京物語」の周吉（笠）は七十歳。〈これからの人〉の紀子に対して〈終った人〉として振舞っていく。

老いは断念の姿である。小津はみずからを老境に重ねはじめている。

「父ありき」で笠を主役に抜擢する際「俺のところでやる時は、表情はナシだ。お能の面でいってくれ」と言ったという。そして「晩春」には父と娘が能を鑑賞する場面が用意される。

能楽堂の向かいの客席に、周吉の再婚候補の三輪秋子（三宅邦子）の姿があった。紀子は、周吉に続いて笑顔で会釈を返したものの「何か父と秋子との間のつながりが心にかかるので、またそれとなく秋子の顔を見る」「紀子だけは何か心が穏やかでない。だんだん不愉快になってくる」。

秋子を見、父を見、視線を戻し、うつむき、秋子を見、視線を戻し、うつむき、父を見、秋子を見、視線を戻し、うつむく。朗々と「杜若《かきつばた》」の謡が流れ、隣の周吉をはじめ観客みな一様に舞台に見入っている中で、紀子ひとり能面を外したように、だんだん表情が厳しくなり、息づかいも荒くなるさまを丹念にとらえていく。

原節子という女優は、柔らかな笑顔は至上の美しさだが、険しい顔、不機嫌な顔、キッとにらむ顔はかなりこわい。ここでは気持ちの揺れをはっきりと表情に出し、能面の笠智衆と対比させている。

その夜、縁談をめぐって父娘が言い合いになる。周吉は秋子との再婚が決まったと嘘をつく。「奥さんお貰いになるの？」「もうおきめになったのね？」という激しい問いに、周吉は無表情でうなずく。そして「ほんとなのね？……ほんとなのね？」と念押しされた時、表情を変えぬまま口元だけがほんのちょっとピクリと動く。表情を押し殺しながら内面で感情がせめぎあう。
それは「人間生活の歴史の順序」に従い、娘の結婚に殉じようとする周吉の覚悟だったろう。

紀子のモデルとして、大船撮影所近くの食堂「月ヶ瀬」の親類で、小津が娘のように可愛がり、私設秘書的存在だった杉戸益子（一九二八〜二〇一六。後に佐田啓二と結婚、小津は木下恵介監督と媒酌人をつとめた。中井貴一の母である）という説が強い。「長屋紳士録」の後、小津は京都に旅行し、名所見物や酒席に同伴させている。

益子本人の回想（中井麻素子名で「天国の先生」『人と仕事』所収）でも「…先生は、父娘に間違えられると、『冗談じゃない、僕は独身だ』とご立腹、恋人みたいだと云われると『僕は若く見られるね』とご満足」だったという。身辺の人物や出来事を材料に、さらに想像や誇張妄想をはたらかせて組み立てるのが脚本作りである。小津と二十五も違えば父と娘みたいだが「秋刀魚の味」（六二）では五十七歳の堀江（北龍二）を二十八歳のタマ子（環三千世）と再婚させている。

益子が京都の宿で高熱を出して倒れてしまったとき「夜半、ふと眼を覚しますと、私は氷枕をあてがわれ、枕元には先生の心配そうなお顔がのぞいていました。先生は責任を感じて、ずっと寝ずに看病していて下さったらしいのです。お気持のやさしい先生でした」。その雰囲気は「晩春」の父と娘そのままだ。

それにしても原節子はきれいだ。宿で帰り支度をしていると「このままお父さんといたいの……」「どこへも行きたくないの。こうしてお父さんと一緒にいるだけでいいの」と紀子が訴える場面では、娘というよりも女の色香が漂ってドキドキする。小津の意図以上に原の美しさが輝いてしまった瞬間だろう。しばしばエレクトラ・コンプレックスが指摘されるのも納得できる。

しかし最後の娘の訴えに、父はかたくなだ。「お嫁に行ったたって、これ以上のしあわせがあるとは、あたし思えないの……」と、すり寄らんばかりに訴える紀子には「だけど、そりゃ違う。そんなもんじゃないさ」とキッパリ否定し、表情を変えず淡々と「人間生活の歴史の順序」を大学教授らしく理性的に説きはじめる。

前の夜も「……お父さんのこと、あたし、とてもいやだったんだけど」と、紀子が反省と和解の言葉を切り出しても、周吉はすぐにイビキをかいてしまう。私はフリだと思う。

極端な言い方をすれば、寺にこもった修行僧が、連日、女の姿で妖しく誘惑してくる物の怪を、念仏唱えてはねのける感じで、周吉の意志は固い。

老いを宣言し、ひとりぼっちの〈終った人〉をはじめている。

もう戦後のあわただしい変化に自分を合わせない。〈終った人〉の立場から、大きな時の流れの中で「人間生活の歴史の順序」というものをあらためて見直していく……この「晩春」での発見が、小津の回復につながった。

第十一章　まほろばの人

「麦秋」（一九五一）は題名が麦の収穫期の初夏を意味するように「晩春」（四九）の続きのイメージが濃い作品である。「晩春」の脚本は「夜の海／ゆったりと大きくうねって、ザ、ザ、ザーッと渚に崩れる波……」で終り「麦秋」は「由比ヶ浜／春の朝――／しずかな朝凪ぎの海。渚で犬が遊んでいる」で始まる。

同じ名前の紀子（原節子）の遅れた結婚をめぐって展開するけれど、違いも多い。「晩春」の曾宮紀子（二十七歳）は父とふたり暮らしだが「麦秋」の間宮紀子（二十八歳）は父・周吉（菅井一郎）、母・志げ（東山千栄子）、兄・康一（笠智衆）、その妻・史子（三宅邦子）、十二歳と六歳の甥っ子の六人、三世代家族と同居している。結婚までの過程も違う。

「晩春」の紀子は父の意向に従って見合いで結婚。父は孤独な生活を強いられる。「麦秋」の紀子は周囲のすすめる縁談に反して謙吉（二本柳寛）という近所に住む妻を亡くした子持ち男性と結婚する。謙吉は康一の勤める大学病院の同僚で、戦死した次兄・省二の親友だった。

北鎌倉に住み丸の内で働くタイピストは、九百円のショートケーキを買ってしまう家から、アンパンをすすめる家に嫁ぎ、転勤で秋田に行き、モンペをはいて東北弁をしゃべる妻になろうとする。これをきっかけに父母は奈良の本家に戻り、大家族は核家族へと離散する。

結婚を決めてからの反応もさまざまだ。志げは田園調布あたりの「芝生のあるハイカラな家の奥さん」を期待していたとこぼす。可哀そうだと志げが台所で涙をふくのを嫁の史子は見たと言う。兄の康一も家柄がよく経済力のある人物に嫁がせるのが長男の責任と思っていた。

それぞれの思惑と異なる紀子の結婚、家族の離散だったが、それも終盤で周吉が言う「みんな、はなればなれになっちゃったけど……しかしまァ、あたしたちはいい方だよ……」「慾を言やア切りがないが……」に妻の志げが「ほんとうにしあわせでした」と答えることで、すべてが収まる。このやりとりは「東京物語」（五三）の老夫婦も繰り返す。

欲を言えばきりがない。〈終った人〉小津の好きな言葉である。

「晩春」の父・周吉（笠智衆）は、はじめ紀子の相手に助手の服部（宇佐美淳）を考えるがすでに婚約者（画面に登場しない）がおり、佐竹熊太郎という愛媛県松山の旧家の男との縁談をすすめ結婚させる。

この人間関係を「麦秋」でなぞれば、助手と同僚の関係から、服部には謙吉が相当し（演じた宇佐美と二本柳の雰囲気も似ている）今回は結婚が成立する。縁談相手の佐竹が、同じ四国の香川県善通寺の名家の次男の真鍋になるわけだが今回は破談。結婚相手を入れ替えた感じだ。

脚本家沢村勉の証言によれば、砂浜で紀子が兄嫁の史子に「あたし、四十にもなってまだ一人でブラブラしているような男の人って、あんまり信用できないの。子供ぐらいある人の方がかえって信頼出来ると思うのよ」と言うセリフは、原節子本人のふだんの発言を活かしたらしい。小津は「だがこのあとに、こういうセリフが続くンだよ。ただし小津さんは別よってセリフがね、と楽しそうに笑っておられた」（沢村勉「原節子さんの紀子」『人と仕事』所収）という。

面白いことに、縁談話を持ってきた紀子の上司（佐野周二）に佐竹宗太郎という佐竹熊太郎と似た名前を当てている。じっさい「麦秋」の佐竹は、退職挨拶に来た紀子に「もしおれだったらどうだい。もっと若くて独り者だったら……」と意味深長なセリフを言う。「駄目か、やっぱり」と笑って窓際に行き街をながめる宗太郎が「東京もなかなかいいぞ……」と言うとき、脚本は「後姿で腰を叩く」と老いの動作を指定している。撮影当時、小津は四十七歳。もう年だし「まだ一人でブラブラしている」からという感じで、紀子が結婚する相手と自分との重なりをやんわり避けている。[*1] 自身の〈遅い結婚〉への遠慮なり、あきらめを表明しているのだろうか。「晩春」で〈これからの人〉の紀子に対して〈終った人〉として父・周吉に自身を寄せた小津の基本姿勢は「麦秋」も変らない。

『小津日記』によれば撮影は五一年五月二十二日、奈良県耳成の麦畑ロケから始めているが、その一週間前の十五日に「山村の役笠となる」の記載がある。康一役が山村聰から笠智衆になり、笠で予定していた周吉役に菅井一郎が当てられた。周吉は六十八歳の設定だが当時の菅井は四十四歳。笠よりも三歳若い。そのせいか周吉と康一がちょっと兄弟に見えるきらいがある。その一方で、老人感が際立つのは、周吉の兄で「大和のおじいさま」と呼ばれる茂吉（七十三歳）である。

奈良からひとりで鎌倉の間宮家にやってくる。康一の息子が「バカ」と言っても耳が遠くて聞えない。キャラメルを包み紙のまま渡すと、そのままヤギのように食べてしまう。「大好き」と言わないと菓子をあげない周吉と対照的に、すべてを受け入れそのまま流す。

茂吉は紀子に「いくつになンなさった？」と二度もきいて「二十八です」と繰り返させ、「もう嫁さんに行かにゃいかんなア」と婚期を強調する。周吉夫婦には「大和はええぞ、まほろばじゃ。――いつまでも若いもんの邪魔しとることない……」と奈良の本家に戻ることを誘う。映画の核となる結婚と離別の言葉が、この老人から発せられる。

演じた高堂國典（当時六十四歳）は、のちに黒澤明監督「七人の侍」（五四）で「侍、傭うだ」の長老になるが、大仏様の下で座る姿など、周吉の兄ではなく父、いや間宮家のご先祖様を象徴するようだ。茂吉は世代交代を伝えるために現れ、周吉夫婦を〈まほろば〉に招く。

まほろばとは、すばらしい場所を意味するが、ここでの大和の国が限りなく黄泉の国に近いのは言うまでもない。この老人を配することで小津は「晩春」よりも高次の見地から〈人間生活の歴史の順序〉を背負った三世代家族の姿を描こうとしたのではないか。

篠田正浩は松竹の監督昇進にあたって城戸四郎社長を前に小津論を語り「小津のキャメラは動かない。動かない目が人間の世界を見、それも低いアングルで見ていたならば、ひょっとするとキャメラは神の目になるのではないか。それは寝そべっている神だ」[*2]と分析したという。また篠田は、松竹の同期でもあった高橋治との会話で「あれはな定点観測だと思うんだ」と言い、低いアングルから「世のうつろい、人のうつろい」を見据え、その結果は「あったものがなくなって行くドラマなのさ」と卓見を述べている。[*3]

「麦秋」は紀子の結婚と並行して周吉と志げ、老夫婦の終《しま》い支度を描いていく。そして空を見あげる場面が印象に強い。三回出てくる。

家に訪れた謙吉の母たみ（杉村春子）と戦死した次男の話になったとき、今でもラジオの「たずね人の時間」を聞いているという志げに、周吉は「いやア……もう帰ってこないよ……」と言い、空に泳ぐ鯉のぼりを見る。

博物館の芝生に腰を下ろして周吉が「早いもんだ……。康一が嫁を貰う、孫が生れる、紀子が嫁に行く。——今が一番たのしい時かも知れないよ」と言う。「そうでしょうか……でもこれからだってまだ……」と志げが言う。「いやア、慾を言やアきりがないよ。——ああ、今日はいい日曜だった……」と周吉。「ちょいとあなた」志げが空をさすと、糸の切れた風船があがってゆく。「どッかで、飛ばした子が、きっと泣いてるねえ……。康一にもあったじゃないか、こんなことが……」とふたりは空を見あげ続ける。

鳥のえさを買いに出た周吉が踏切に差しかかる。捨て石に座り、電車を見送る。「なんとなく嘆息がもれる。／電車が轟然と通り過ぎる。／周吉、それには無関心に空を仰ぐ。明るい空にフワリと白い雲が浮いていている」。

鯉のぼりとゴム風船を見る空は、次男と長男の思い出につながるが、踏切の上の空には雲だけである。この時、大和に戻ることを決めたのだろう。

踏切の柱の看板が「使用中止」とあり、英語で警報機故障と書かれている。この意図は何なのだろう。時系列が逆になるが「東京暮色」（五七）の明子（有馬稲子）の踏切事故死を思い出してしまう。終い仕度の最後は死であり、空の向こうが黄泉の国ならば、周吉たちは空を見ているのではない。空から見られている。

そして大和に戻った周吉と志げは、家の中から麦畑を行く花嫁の行列を見て、紀子のことを思う。幻のような花嫁行列の美しさ。周吉たちの視線が、見あげる空から地上の麦畑に移ったことから言って大和の国は異なる国であり、ふたりは〈終った人〉から〈まほろばの人〉になったのだ。茂吉が同じ姿勢で周吉たちの向うに座っている。

「麦秋」という題には戦死した次男・省二の思い出がからんでいる。喫茶店で謙吉が紀子に「あ、省二君の手紙があるんですよ。徐州戦の時、向うから来た軍事郵便で、中に麦の穂が這入ってたんですよ」と言い、ラストの麦畑の風景につながる。

田中眞澄は『小津安二郎のほうへ』（みすず書房）で「大和の麦の実りの中を花嫁行列が行く。それを見て老夫婦は嫁に行った娘紀子を想う。紀子の結婚は一本の麦の穂に象徴された戦死した兄が仲立ちとなった。死が新たな生命の誕生をもたらすのである。そして無数の麦の穂波、無数の死者が見守る中を花嫁が行く。山中が、小津が戦った徐州会戦は麦の中の戦いであった」と、山中貞雄をはじめ戦友への鎮魂を画面の中に見いだして文章をまとめている。

ただし田中の文章は〈麦の中の戦い〉の実態を調査知悉したうえで表現を律している。

戦地の小津からの手紙がある。「前進は急だった。戦死者もその儘に日の丸で顔を包んで麦畑の中に置き去りに前進だ。／この暑さでは二日も経てば蛆がわく。日の丸をとれば眼窩一杯に盛り上った蛆だ。山行かば草蒸す屍と字面の綾だけでは到底思い及ばぬ凄愴さだった。目の玉が痒くなる。鏡を見る。蛆はいないが眼の玉が痒かった。麦畑が続いてその上に照りつける」（私家版『小津安二郎君の手紙』三八年六月六日）。

麦畑に置き去りにされた戦友の腐乱死体を小津は見ていた。「海ゆかば」の詞を生ぬるく感じていた。あらためて麦畑の画面を見ると、背後のこんもりとした耳成山が大きな土饅頭のようにも見えてくる。

「麦秋」について小津は「これはストーリーそのものより、もっと深い《輪廻》というか《無常》というか、そういうものを描きたいと思った」（「自作を語る」『人と芸術』所収）と語っている。輪廻、無常、あるいはワビサビといった言葉は、小津論によく使われているが、その言葉へと至る厳しい実相を前提にしないと、観念をもてあそぶだけで終ってしまうだろう。

＊1　「麦秋」公開後、小津と原との結婚の噂が流れたが、これは原主演の「めし」（成瀬巳喜男監督）の話題作りに東宝宣伝部が仕掛けたもの。
＊2　『世界の映画作家10　篠田正浩・吉田喜重編』（キネマ旬報社）より。
＊3　高橋治『絢爛たる影絵——小津安二郎』（文藝春秋）より。

第十二章　老成という罰

僕はもう懐疑的なものは撮りたくない、何んというか戦争に行って来て結局肯定的精神とでもいったものを持つようになった。そこに存在するものは、それはそれでよしッ！　と腹の底で号《さけ》びたい気持だな（『東京朝日新聞』一九三九年八月十九日夕刊／『全発言』）

除隊後の小津の発言である。歩兵として麦秋の戦場を突き進んだ小津は目の前にある現実を「それはそれでよしッ！」と〈号ぶ〉ほどの気合で受け入れる。異常までも日常に呑みこむ〈肯定的精神〉が、やがて無常や輪廻というものへの関心に結びついたのは想像にかたくない。

「麦秋」（一九五一）について前章末で述べたように、戦死した兄の手紙に入っていた麦の穂を糸口として、ラストの麦畑の美しい穂波の下に戦友の死体を想像するとき、その感はさらに迫ってくる。兵士の流した血や腐った肉を養分に麦は実る。兵《つわもの》どもが夢の跡でもある。そして麦畑の花嫁行列は、戦争で分断された〈人間生活の歴史の順序〉の静かな回復を語っていた。

「麦秋」の公開前日の十月二日『朝日新聞』夕刊の（純）こと井沢淳の批評に「敗戦によっても

破壊されない日本的なものの美しさを作者は精一杯に抱きしめて、愛しているということもいえる。／しかし、それにしても、こういう日本的なものは、現在ではどの程度に残っているのだろう。作者も、それには不安を感じたらしく結末ではこの一家の離散する姿を描いている」とある。失われていくものへの愛惜は、変らないものの強さを信じることにつながっていく。

一九五〇年になったからといって、僕にはことさら新しいものがあるとは思えない。永遠に通じるものこそ常に新しいのであって、巷にあふれるロングスカートだとか何だとかいう流行は単なる現象にすぎない。現象が変らぬこと……それが新しいのであるから、古いとか新しいとかいうことが、ただ現象だけでいわれるのなら僕の今年はことさら古いものを追及したい。

(『読売新聞』五〇年一月一日／『語録集成』)

親から子、孫へとつながる〈人間生活の歴史の順序〉。その節目としての〈結婚〉をめぐる「晩春」(四九)、「麦秋」と至る過程で、小津は確かな手ごたえを感じとる。次の引用は「晩春」公開後の発言である。

泥中の蓮……この泥も現実だ。そして蓮もやはり現実なんです。そして泥は汚いけれど蓮は美しい。だけどこの蓮もやはり根は泥中に在る……私はこの場合、泥土と蓮の根を描いて蓮を表わす方法もあると思います。しかし逆にいって蓮を描いて泥土と根をしらせる方法もあると思うんです。

戦後の世相は、そりゃ不浄だ、ゴタゴタしている、汚い。こんなものは私は嫌いです。だけれどそれも現実だ。それと共につつましく、美しく、そして潔らかに咲いている生命もあるんです。これだって現実だ。この両方ともを眺めて行かねば作家とはいえないでしょう。だがその描き方に二通りあると思う。さき程いった泥中の蓮の例えで……（『アサヒ芸能新聞』四九年十一月八日／『語録集成』）。


蓮のたとえには宗教的な匂いを感じる。小津は「一人息子」（三六）の冒頭に「人生の悲劇の第一幕は親子になつたことにはじまつてゐる」という芥川龍之介の「侏儒の言葉」の一節を引用している（原文は「親子となつた」）が、芥川の小説「蜘蛛の糸」で言えば、極楽の蓮池を歩く御釈迦様と地獄でもがく罪人、犍陀多《かんだた》との対比を思い出す。己が罪に悶え、魂の浄化と救済を求める地獄の亡者の姿は、凄惨な戦場から生き残った小津の心象と重なるものがありはしないか。

芥川がらみで、川端康成が随筆「末期の眼」に引用したことで知られる「或旧友へ送る手記」の一節「君は自然の美しいのを愛し、しかも自殺しようとする僕の矛盾を笑うであろう。けれども自然の美しいのは僕の末期の目に映るからである」[*1]から言えば、死の恐怖を背負い続ける兵士の眼は、末期の眼に限りなく近い。小津の〈終った人〉の視点も、そこに源を見るべきではないだろうか。

水食糧を欠き、荒れ地ぬかるみを歩き続け、敵とぶつかれば殺し合う日々。疲れ切った歩兵伍長が束の間の休息に夢見るのは、きっと静かで何も起きない何も変らない世界だったろう。

橋本忍の脚本で「私は貝になりたい」というドラマがある。五八年にフランキー堺主演でテレビ放送され反響を呼び、翌年橋本自身の監督で映画化された。平凡な理髪店主の男が軍隊で上官から捕虜刺殺を命じられ、後に戦犯として死刑を宣告される。処刑場に進む男は「お父さんは生まれ代わっても、もう人間なんかにゃなりとうありません！　こんなひどい目にあわされる人間なんて厭だ！」「そうだ、貝がええ！」「深い海の底の貝だったら、戦争もない……兵隊に取られることもない」と遺言を残す。[*2]

このドラマに限らず、戦後を生きる日本人には、兵役体験の記憶が消えず、個人の戦争責任や罪の意識と向き合う人は相当数いたはずだ。心的外傷後ストレス障害をＰＴＳＤと言ってしまえば、わずか四文字にすぎないが、それは根深く複雑にからみあう。小津もまたそれを内に抱え続けた一人かもしれない。

「俺は後でいいよ」と引き揚げ船の順番をスタッフに譲ったときから、小津の〈戦後〉ははじまった。「後でいいよ」には、責任感の強さだけではなく、よりセンシティブな思いを感じる。

小津の製作現場の取材を続けた石坂昌三は『小津安二郎と茅ヶ崎館』（新潮社）で「小津の駆け足にも似た老成。私はやはり、小津の日中戦争の従軍体験に起因すると見る」と書く。「駆け足にも似た老成」とは、自身に下した一種の罰の感覚ではないのか。

いわゆる〈小津調〉が描く日常の映像は、見る側の現実と地続きの感じがしない。すべてに小津意匠の統一規則が支配して、違う空気が流れている。別箇の小宇宙をつくっている。

「麦秋」撮影中の頃の新聞記事に「この主人公のセットの建て方が昨年の『宗方姉妹』のセットとほとんど同じ間取りであり、また一昨年の『晩春』のセットをそのまゝ裏がえした建て方だというので話題になっている」（「トピック抄」『読売新聞』五一年八月二十九日）とあった。「ぼくは豆腐屋だ。せいぜい油揚かガンモドキしか作れぬ。トンカツやビフテキはその専門の人々にまかせる」（『スポーツニッポン』五一年九月十四日／『語録集成』）という有名な小津語録も、その頃の発言。〈小津調〉のスタイルが自覚され、定型化され、磨かれはじめるのがこの時期である。

ジョン・フランケンハイマー監督「終身犯」（六二）のバート・ランカスター演じる囚人は、独房でスズメを育てるうちに鳥類学の権威になっていく。小津もまた〈精神的囚人〉として独房で箱庭をつくるように、ひとりぼっちを見つめながら、家の空間に人物を配し、日常のいちいちを〈人間生活の歴史の順序〉の中へ整然と組み込む作業を極めていく。

その世界で美しく咲く蓮の花。小津はその象徴を原節子に求める。山中貞雄の影は「晩春」で原節子という光となって小津の前に現れる。「河内山宗俊」（三六）の少女は二十九歳の大スターになっていた。

『小津日記』によれば、小津は「晩春」の脚本執筆に入った四九年三月六日、原が主演した木下恵介監督「お嬢さん乾杯」を見ている[*3]。没落華族令嬢の泰子（原）と成りあがりの実業家（佐野周二）との見合いから結婚までを描いた傑作コメディである。

泰子が身分不相応な相手と見合いをするのは、家の経済事情だが、身を売って家族を助ける点は「河内山宗俊」のお浪と共通している。原には、そんな役どころがよく似合う（原自身、映画界に飛び込んだ大きな理由は、困窮する一家を支えるためだった）。弟の不始末でできた借金のカタに身を売ろうとするのを宗俊（河原崎長十郎）と市之丞（中村翫右衛門）が命がけで守る。

この「河内山宗俊」について山本喜久男は『日本映画における外国映画の影響』（早稲田大学出版会）で小津の「非常線の女」（三三）とともにジョン・フォード監督「三悪人」（二六）からの影響を指摘している。

三人のお尋ね者が、賊の襲撃から生き残った少女を守って町まで送り届ける「三悪人」に対して「宗俊と市之丞は彼らのように、処女を敬愛し、彼女に殉ずる」「小津の『非常線の女』では、襄二は姉弟のために金を強奪し、金を弟に渡してから、警察にひかれて行く。『河内山宗俊』では、宗俊と市之丞は姉弟のために金をゆすり、金を弟に渡して、追手の刃の盾となって一人ずつ死んでいく」。

山中とは脚本執筆集団「鳴滝組」同志の稲垣浩も「大方のファンたちも、節ちゃんのために彼らが命を捨てるのは当然だと、納得してこの映画の結末に拍手したものだった」と書く（稲垣『日本映画の若き日々』毎日新聞社）。

「河内山宗俊」の冒頭、用心棒の市之丞が参道のお店からみかじめ料を徴収していくが、甘酒屋のお浪にだけは「いいんですよ」と受けとらない。河内山も、弟思いで清純可憐なお浪に惚れ、市之丞とふたり甘酒で杯を重ねたりする。しかし男たちの純情は報われない。一方的ながらも死をかけた無償の思いを、お浪は知らない、気づかない。

男を誘惑し破滅させるファム・ファタール（運命の女）という言葉を使えば、お浪はイノセントなファム・ファタールである。

〈泥〉の血を吸って〈蓮〉の美しさはある。「晩春」と「麦秋」の紀子も、異性としての〈女〉ではなく、血を分けた〈娘〉として家族の運命を差配する。「晩春」は紀子の結婚によって父は孤独な生活を強いられる。「麦秋」は紀子の結婚によって、鎌倉で兄一家と同居していた両親は奈良の本家へ、〈まほろば〉へ行くことになる。

「晩春」の父・周吉（笠智衆）は「このままお父さんといたいの」と訴える紀子に「それが人間生活の歴史の順序というものなんだよ」と言う。「麦秋」の周吉（菅井一郎）は「すみません、あたしのために……」と泣く紀子に「いやア、お前のせいじゃないよ。いつかはこうなるんだよ」と言う。

時の流れの中で生と死を繰り返しつながってきた家族というものの営み、その無常、その運命を娘が体現し、親たちは静かに受け入れる。

いわば紀子は〈無常の女神〉であった。

＊1　芥川龍之介『河童』（集英社文庫）所載からの引用。
＊2　映画「私は貝になりたい」（五九年・橋本忍監督）から採録。
＊3　公開が三月九日なので試写室か。第六章で触れたが、志賀直哉から原の名前が出たのは二日前の三月四日。小津は再確認の意味で見たのであろう。

第十三章　紀子の中にいる他人

いわゆる〈紀子三部作〉の締めとなる「東京物語」(一九五三)で原節子の演じた紀子が「晩春」(四九)、「麦秋」(五一)と違うのは、独身ではなく寡婦、血を分けた〈娘〉ではなく戦死した次男の嫁という〈他人〉として登場することだ。

平山周吉(笠智衆)、とみ(東山千栄子)の老夫婦は子どもに会うため広島県尾道から上京する。長男・幸一(山村聰)や長女・志げ(杉村春子)が日常に追われ、待遇に親身さが欠けるのとは対照的に、紀子は心をつくして周吉たちに接する。とみは尾道に帰ってすぐに死ぬ。

「東京物語」撮影台本の製作意図はシンプルに「親と子の関係を描きたい」とある。

過去の小津作品には田舎から母(飯田蝶子)が息子(日守新一)に会いに上京する「一人息子」(三六)がある。「戸田家の兄妹」(四一)では、父親が急死したあと、子どもたちの家で母親と末妹が冷遇される。「東京物語」は、これらを合わせた感じか。

脚本を共作した野田高梧の言によればレオ・マッケリー監督「明日は来らず」(三七)の「子供たちを頼りにしていた老夫婦が最後にわかれわかれ」になる話をヒントにしたようだが、紀子のような設定はなく「僕だけが見ていて、それもウロ覚え」（『人と芸術』）とのこと。この映画は三七年度キネマ旬報ベスト・テンの第五位の作品だから、小津も内容は知っていたはずだ。[*1] じっさい「戸田家の兄妹」のほうに「アメリカ映画『明日は来たらず《ママ》』にヒントを得たもの。日本の家族制度のくずれかかるのを描いた後年の『東京物語』（二十八年）の先駆的作品といえよう」[*2] という津村秀夫の言及がある。

　登場人物の中に紀子のような異分子を配するというのはドラマづくりの基本型の一つである。「戸田家の兄妹」では次男の昌二郎（佐分利信）がそうだ。中国から帰ってきた彼は、不在中の兄妹たちの所業に激怒し、一周忌の席を混乱させる。

　その昌二郎に対して「東京物語」の戦死した次男の名前は昌二である。両作とも子どもは五人。対照すると次のようになる。

「戸田家の兄妹」		「東京物語」
長男・進一郎（斎藤達雄）	→	長男・幸一（山村聡）
長女・千鶴（吉川満子）	→	長女・志げ（杉村春子）
次男・昌二郎（佐分利信）	→	次男・昌二（戦死）、妻・紀子（原節子）
次女・綾子（坪内美子）	→	三男・敬三（大坂志郎）
三女・節子（高峰三枝子）	→	三女・京子（香川京子）

「戸田家の兄妹」の昌二郎の役割を「東京物語」では、名前の似ている昌二の代理で紀子が負っている構図になる。しかし紀子は、死んだとみの枕元で昌二郎のように兄姉たちを痛罵したりはしない。次男の嫁という血のつながらない〈他人〉の立場をわきまえている。〈娘〉として家族の運命を差配した「晩春」「麦秋」の立場から、紀子は〈他人〉の眼で、ある家族の離別を見届ける立場に移っている。歳月が変える親と子の関係を明らかにする触媒の役割を果たしている。

「——妙なもんじゃ……自分が育てた子供より、言わば他人のあんたの方が、よっぽどわしらにようしてくれた……いやァ、ありがとう」と周吉は言う。実の子どもとは対照的な姿勢や対応ぶりを紀子が示すほどに、周吉たちは違いに気づき、がっかりしていく。

だからといって、周吉は子どもに怒りや恨みを抱いているのではない。周吉は「なかなか親の思うようにはいかんもんじゃ……欲言や切りやにゃあが、まァええ方じゃよ」と言い、とみは「ええ方ですとも、よっぽどええ方でさあ。わたしら幸せでさあ」とのんびり答える。

「一人息子」の息子は、上京した母にやさしい孝行ものだった。母が苦労して大学にまで進ませたのに、息子夫婦の暮らしは貧しい。その現実に割り切れないものを抱え田舎に帰った母は、職場の製糸工場で同僚に土産話をする。「あの子もウンと偉くなってなあ——」「おらももうこんで安心だし……（自分にいい聞かせるように）もういつだって安心して眼がつぶれるだァ」と見栄をはる。セリフ中の（ ）内は脚本のト書きである。「本当にお前さんは幸福者《しあわせ》だし」と言われ、母はうなずきながらも「次第に淋しさがこみ上げて」くる。ラストシーンで母はほとんど泣きそうな沈んだ表情を見せている。

対して「東京物語」の母は笑顔で「わたしら幸せでさあ」と言う。「麦秋」のラストでも「慾を言やアきりがない」「ほんとうにしあわせでした」と周吉夫婦（菅井一郎・東山千栄子）が繰り返している。

「東京物語」で描かれる〈親と子の関係〉は、戦前の「一人息子」や「戸田家の兄妹」から変化している。しかしそれは対立から和解へを意味しない。「それはそれでよしッ！」である。小津の戦争体験が生んだ〈肯定的精神〉が、周吉たちに目の前にある現実を「欲言や切りやにゃあが、まァええ方じゃよ」と、あきらめまじりで受け入れさせている。

「戸田家の兄妹」は兵役から帰還後の第一作である。昌二郎が中国帰りで、安二郎と名前が似ている点で、小津自身の投影という見方があることは第八章で述べた。一周忌の席で兄や妹を面罵し、平手打ちまでする昌二郎の苛立ちが、小津自身の日常復帰の不適応感を示していたとするならば、この段階ではまだ〈肯定的精神〉が作品に反映されていない。それからの再度の応召、シンガポール滞在、敗戦をはさんでゆっくりと熟成発酵し「晩春」に至ったと言うべきか。

「東京物語」の昌二が、戦死した「戸田家の兄妹」の昌二郎と見れば、つまり小津自身も死んで、紀子に代理をつとめさせているわけである。紀子という〈他人〉の眼には、親と子の関係を見る〈終った人〉としての小津の視線が重なっていた。

この映画を最初に見た十八歳のころ、まだ両親は元気だったし、将来の自分も見えていない。

実の子どもが冷たく、嫁のほうが親身でやさしいという皮相を、実感ではなく映画として感動している。

しかし三十代に再見すると、平山家の子どもがことさら冷たいのではない、とわかってくる。杉村春子の名演もあり、長女・志げは、思ったことや本音をすぐ口にするけれど、決して悪人とは感じさせない。母の死に泣きじゃくる一方で、すぐに形見分けを言い出す。親にわがままが言え、甘えが許されるからこそ、長男・幸一も三男・敬三も、現実の仕事や立場を優先してしまう。

東京で周吉は、同郷の服部（十朱久雄）、沼田（東野英治郎）と再会し、酒を飲む。「軍艦マーチ」が流れている。服部は息子ふたりを戦争で失っている。周吉と沼田がさらに酩酊し、子どもの愚痴を言い合うとき、服部は酔いつぶれている。眠ったふりかもしれない。脚本は、子どもをめぐる会話から服部を外す気づかいを見せる。自慢することも、愚痴を言うことも、子どもが生きていてこそと思う。

〈先立つ不孝〉を無数に生むのが戦争だった。「東京物語」の背後には、そうした無念の思いが静かに流れている。

一方で甘えができないのが紀子だ。他人ゆえの窮屈さがある。家に嫁ぐとはいえ、長男の嫁ならまだしも、死んだ次男の嫁で同居経験もない。いわゆる死後離婚もせず、なぜこれほどまでに尽くすのか。原節子の微笑が美しすぎて、対応ぶりが時に偽善的にさえ見えることがある。

とみが紀子のアパートに泊まることになる。部屋の棚に昌二の写真が飾ってある。その写真に見おろされる日常によって、紀子はずっと無意識下で縛られていると言っていい。「このごろ、思い出さない日さえあるんです。忘れてる日が多いんです」と言いつつ、周吉夫婦の上京には即反応する。その孝行ぶりには、本人の善性に加え、死んだ夫の代理行為が含まれている。いや、昌二が憑依している。とみの肩をもむ紀子の手は、二人羽織の関係で言えば昌二の手だった。

とみは「思いがけのう昌二の蒲団に寝かしてもろうて」と感謝する。そして「昌二のう、死んでから八年になるのに、あんたがまだああして写真なんか飾っとるのを見ると、わたしゃなんやらあんたが気の毒で……」と言うが、やはり東山が演じた「麦秋」の母と同じく「まだどっかに昌二がおるような気がするんよ」と息子を忘れてなんかいない。

「麦秋」で戦死した紀子の兄・省二も、映画の音声では同じ〈しょうじ〉である。「あたし省兄さんとても好きだった」と言う紀子。兄妹として、夫婦として、紀子とは常にペアである。

とみの葬儀の場で敬三が席をはずす。様子を見に来た紀子に敬三は「どうも木魚の音、いかんですわ」とぼやき「――僕、孝行せなんだでなァ……」「いま死なれたらかなわんわ――されば とて墓に布団も着せられずや……」と嘆く。

小津自身は「東京物語」の前年から北鎌倉で母と生活をはじめ、六二年の母の死まで仲よく暮らしたが、山中貞雄は戦死する三年前、二十六歳のとき母を亡くしている。二十七歳設定の敬三とほぼ同じころだ。

山中もまた母おもいであった。末っ子であったが「おばあちゃん」と呼んで親しんでいた。だから母が死んだ時など、遺骸にとりすがって「おばあちゃん、なぜ死んだんや」と、声を張りあげて泣いたという。（岸松雄「小津安二郎と山中貞雄と私」『人と仕事』）

戦地で関西弁の兵隊に会うと山中を思い出すと言った小津。敬三にも山中の影があるかどうか。「そうか……間に合わなんだか……そうやと思うたんや」尾道の家に遅れて駆けつけた敬三を妹の京子が玄関で出迎える。京子は立ったまま顔をおおって泣く。その画面の右端、庭先の葉鶏頭が強調して置かれている。出征報告に小津の家を訪れた山中が「おっちゃん、ええ花植えたのう」と庭先を見やって愛でた花である。

「麦秋」では、徐州からの省二の手紙に麦の穂が入っていたという話が題名に関係してくるが、山中の従軍した戦線が徐州だったことから、省二を山中と見る批評がある（第六章）。

葉鶏頭は、母の死を一緒に悼む昌二の化身でもあった。

「東京物語」は七月二十五日にクランクイン、十月中旬まで撮影し、十一月三日に公開。撮影の間に八月十五日の敗戦があり、小津が召集された九月があり、九月十七日は山中の命日だった。公開五日後の十一月八日、小津は山中貞雄十七回忌のため上洛、墓参している。

＊1　同年度日本映画の一位は小津が原作を提供した「限りなき前進」（内田吐夢監督）、七位に監督作「淑女は何を忘れたか」が入っている。

＊2　『日仏交換映画祭記念　日本映画の回顧上映』（フィルムライブラリー助成協議会）より引用。

第十四章　〈昭和〉の悲しみ

「東京物語」（一九五三）にこんな場面がある。母とみ（東山千栄子）の葬儀後さっさと帰郷した兄や姉の冷淡さを末娘の京子（香川京子）があれこれ紀子（原節子）に訴える。「誰だってみんな自分の生活が一番大事になってくるのよ」「それじゃ、親子なんてずいぶんつまらない」「でも、みんなそうなってくるんじゃないかしら。だんだんそうなるのよ」「いやぁねえ、世の中って……」「そう、いやなことばっかり……」と紀子は終始笑顔で京子の憤懣を鎮めようとする。

紀子の年齢設定は二十八歳（原節子は撮影当時三十三歳）。夫を戦争で失い苦労があったとはいえ、昔の人は老けていたとはいえ、ずいぶんと大人の発言である。今、この年齢あたりの女優さんがこんな言葉を違和感なく説得力をもって言えるだろうか。

夫の昌二の戦死が八年前というから紀子は二十歳で死別、十代で結婚したことになる。「晩春」（四九）の紀子が二十七歳、「麦秋」（五一）が二十八歳での〈晩婚〉とは逆。膨大な数の男子戦死者は、未亡人や未婚女性を増やしたわけである。昌二と暮らしたアパートに住み続け、小さな商事会社ではたらき、隣の住人にお酒を借りるようなつましい生活。結婚期間は短いし、子もいない。このまま一生独身を通すのか?

　実の親はどうなのだろう。健在の感がしない。とみの葬儀のとき敬三(大坂志郎)が「――僕、孝行せなんだでなァ……」と紀子に素直に話せるのも、気持ちを共有できる相手とわかっているからではないか。二十三歳設定の京子が「他人同士でももっと温いわ。親子ってそんなもんじゃないと思う」と言うと「あたしもあなたぐらいの時には、そう思ってたのよ」と答えるので、五年前はまだ親が生きていたのかもしれない。

　紀子に平山家以外の係累がないから、死んだ親たちのぶんまで孝行に励もうとしたと考えれば少し納得いくけれど、それでもあの大人ぶりが二十八歳ではやはり若いと思う。「麦秋」(五一)で耳の遠い伯父の茂吉(高堂國典)に紀子が「二十八です」と大声で返すのとは違い、「東京物語」の年齢は実際の画面に関わってこないものの、なぜ二十八歳としたのか?

　考えられるのは「東京物語」が昭和二八年製作、つまり年齢を昭和と重ねていることだ。満年齢でも数え年でもいい、二十八という数字がポイントである。そして夫の昌二が戦死した八年前とは昭和二〇年、敗戦の年に合わせている。没後八年は戦後八年とイコールなのである。

「いつでもお嫁にいっておくれ。もう昌二のことは忘れて貰うてええんじゃ。いつまでもあんたにそのままでおられると、かえってこっちが心苦しうなる」と再婚を勧める周吉(笠智衆)に「あたくし狡いんです」「思い出さない日さえあるんです。忘れてる日が多いんです」と紀子は言う。昌二が、戦争そのものを意味してくる。山田太一は次のように書く。

それがある日、小津の軍服の写真を見ていて、紀子が「ずるい」と感じる気持ちを突然納得した。

亡夫は戦死をしたのであった。紀子は――そして小津は――ただ亡夫を忘れかけていることを「ずるい」といったのではなかった。八年前までの戦争でおびただしい数の日本人が死んだことを、半ば忘れかけている自分を「ずるい」といったのだった。そのようにとれば八年間は長いとはいえない。忘れかけていることを「ずるい」と思う感情もよく分かる。小津は生き残った自分を責める気持ちを紀子に託したのだ、と見る見る瑕瑾の消える思いをしたが、どんなものだろうか。（「小津の背景にある戦争」『東京人』二〇〇三年十月号）

生き残ったことを後ろめたく感じてしまう悲しみ。それは敗戦当時の日本人の多くが抱いた感情であったろう。紀子も、そして小津もまた生かされていることの意味を考えていたはずだ。

東日本大震災からまる十年が過ぎ、記憶の風化が言われている。八年という歳月は長いか、短いか。「もはや戦後ではない」と言い切ったのは映画から三年後の五六年度経済白書であるが「ずるい」という認識は生きている限り抱え続けていくものだろう。

「あたくし、いつまでもこのままじゃいられないような気もするんです。このままこうして一人でいたら、いったいどうなるんだろうなんて、夜中にふと考えたりすることがあるんです。一日一日が何事もなく過ぎてゆくのがとっても寂しいんです。どこか心の隅で何かを待ってるんです……狡いんです」と、またも紀子は「ずるい」と言う。記憶と忘却の間をゆれながら重ねた歳月、紀子は〈昭和〉の悲しみを背負っている。

　脚本共作者の野田高梧も、別の意味で後ろめたさを感じていたかもしれない。

　五三年五月二十八日の小津の日記に[*1]「午前二時　脱稿　百三日間　酒一升瓶四十三本　食ってねつ　のんでねつ　ながめせしまに　金雀枝の花のさかり過ぎにけり　ながめせしまに豆となりぬる　金雀枝の花もいつしか散りにけり」とある。

　毎日ふたりで酒を呑み、「東京物語」の想を練り、語りあい、机に向かった三ヶ月あまり。その間に、酔いにまかせて小津が兵役体験を話すことも多かったはずだ。[*2]戦争は、しなくてもすむはずの非常を強いる。敵と殺し合い、戦友が無残に死ぬのを眼前に見てきた小津の告白を〈もう一人の小津〉たる野田はどう受けとめただろう。野田は小津より十歳年上で応召を免れた。凄惨な体験を免れた。そんな自分が小津を責める資格はない……周吉と紀子の会話には、「狡いんです」と言う小津の告白を「いやァ、狡うはない」「……ええんじゃよ、それで……やっぱりあんたはええ人じゃよ、正直で……」と答えるしかない野田の姿を見る思いがする。

　紀子にはヒントとなったと思われる女性がいる。『小津日記』や『蓼科日記』にも登場している。笹沼真理子「村上茂子さんのこと」（『シナリオ』二〇一四年十一月号）によれば、一九一四年に生まれ、夫が南方で戦病死、戦後松竹大船撮影所専属楽団に所属し、小津とは四六、四七年ころ知り合い、親密な関係にあった。「東京物語」では熱海の温泉街でアコーディオンを演奏している。

高橋治『絢爛たる影絵――小津安二郎』（文藝春秋）では「某という女の人」として取材に応じて

いる。忘れられない小津の言葉があるという。

「ある時、私がいったんです。……広い野原に一人で立ってて、風がひどいの。……黄色い落葉が私に吹きつけて来て、もう立っていられない。……夢なのよ。夢だとわかっているから、早くさめてくれと必死に祈るんだけどさめないのよ。……私がそういったら、……先生の言葉の抑揚が今でも忘れられないんだけど、……君、そんなことをいっちゃいけないよ。誰でも同じなんだ。……君一人じゃないんだ。……先生の眼が、とっても暗かったわ」そして「……愛するっていう言葉を一度も聞いたことがないんです」と言うと同時に「某」の眼が見る見る潤んだという。

小説的技巧も感じなくはないが、戦後を生きる寡婦（紀子でもある）と小津の感情が、ひとりぼっちで共鳴している。しかし二人に結婚はない。「メシたきに来るか。一度だけそういわれたことがある」が「いった本人が忘れたような顔をしていることがこたえました」という。この関係は、小津が逝く数年前に終ったようだ。「何度かいうまいと繰り返して噛みくだしているように思えた。だが、矢張りこぼれた」女性の言葉は「便利な女だったんですね。……私って、あの人にとって」だったという。その後再婚することもなく九〇年に亡くなっている。

小津は「東京物語」の前年に北鎌倉に居を構え、母と暮す生活を選び、独身を通した。独身主義を標榜するほどではないにせよ、結婚して家庭を持つ、という生き方を遠ざける何かが、戦後の小津を「駆け足にも似た老成」へと走らせていたのではないか。

葬儀のあと最後まで残っていた紀子も帰京することになる。周吉はとみの懐中時計を形見に渡して言う。「いやァ……お父さん、ほんとにあんたが気兼ねのう先々幸せになってくれることを祈っとるよ――ほんとじゃよ」紀子は両手で顔をおおって泣く。「――妙なもんじゃ……自分が育てた子供より、言わば他人のあんたの方が、よっぽどわしらにようしてくれた……いやァ、ありがとう」紀子は泣き続ける。周吉も紀子も、これが最後と思っている。再婚しなくても尾道は遠い。末娘の京子が周吉のそばにいるが、やがて嫁に行くだろう。

周吉は紀子に対して自分を「お父さん」と言っている。もはや嫁ではなく、父と娘の会話になっている。紀子への言葉は「うん――なるよ、きっとなれるよ、お前ならきっとなれる、お父さん安心しているよ、なるんだよ幸せに」と言う「晩春」の周吉（笠智衆）と重なってくる。形見の時計が象徴する歳月、時の流れも、親から子に受け継がれる〈人間生活の歴史の順序〉の意味を強めてくる。

東京に戻る汽車の中で、紀子は時計を手に取る。脚本は「紀子、やがて亡母の形見の時計を耳にあて、懐しく思いに耽ける。／汽笛が谺《こだま》する」とあるが、画面の紀子は耳にあてない。両手で時計をつつみ、何かを思っていると、ポーッと汽笛が鳴る。続いて線路を見下ろす尾道の風景。ポンポン船の音がして、海を船が行く。時計に耳をあてる代りにポンポン船の音が時を刻むように聞こえる。そして縁間にぽつんと座る周吉。隣の細君（高橋とよ）が声をかけると「――一人になると急に日が永うなりますわい……」「全くなァ……お寂しいこってすなァ……」ポンポン船の音がずっと時を刻み、エンディングの音楽[*3]にも重なる。

海沿いの風景に船の汽笛がボーッと鳴る。汽車のポーッに紀子の再出発の意があるのなら、船のボーッは老いさき短いながらも周吉の日常再開の合図だろうか。紀子の呼びかけに周吉が応えている、とも言える。紀子も周吉も、人の存在自体に根ざしたひとりぼっちをかみしめている。脚本は「ポンポン蒸汽の音が夢のように遠くなってゆく。／瀬戸内海の七月の午後である」で終えている。

この場面を見ていて突然、市川崑監督「犬神家の一族」（七六）を連想したことがある。事件を解決し、汽車で引きあげる金田一耕助（石坂浩二）が、ふっと紀子に重なってしまったのである。

この勝手な妄想に従えば〈平山家の一族〉の犯人は、言うまでもなく歳月だろう。

＊1　『人と仕事』より引用。この五月二十八日の日記は『全日記』では欠落している。
＊2　『人と芸術』所収の「小津安二郎という男」で野田は「出征中の話もいろいろ聞いた」と書いている。
＊3　斎藤高順による「東京物語」テーマ曲は二〇二一年八月八日の東京オリンピック閉会式の日本国旗入場時に使われた。

第十五章　消えた婚期

「晩春」（一九四九）、「麦秋」（五一）、「東京物語」（五三）いわゆる〈紀子三部作〉で原節子の演じた紀子が向き合うのは戦後の結婚（再婚）問題である。なのに、それを描く小津がなぜ独身のままなのか？　その質問は直接本人にも向けられている。

たとえば『週刊読売』五七年四月七日号（『語録集成』）では「なんというか婚期をのがしちゃったんだよ。というのは『嫁もらえ、嫁もらえ』とうるさくいったおやじが死んじまって、それから兵隊で日華事変、太平洋戦争だろ、ヒマがなかったんだな。目下の心境じゃひとりがいいね」と答えている。

小津の父・寅之助が死去したのは三四年四月二日。三十歳の小津は「母を恋はずや」の撮影中だった。当日の『小津日記』は「十時二十分　急に父苦しむ／かくて　午後十一時十五分　父死す行年六十九／心臓狭心症なる由／臨終まことに苦悶の色あり　涙新たなるものあり」四月四日「密葬　砂町火葬場に行く／父の世にあるもの一握の灰なり」とある。後に小津は野田高梧に「みんな枕元に集まってたんですがね、どうしたのか、一番たよりにならなかった筈の僕の膝に手をかけて、そのまま息をひきとったんですよ。そしたら急に涙が出てきちゃってね。――僕のことが一番心配だったのかな。それとも一番たよりにしてたのかな」（野田高梧「交遊四十年」『人と仕事』所収より）と語ったという。

約二年の中国大陸での兵役後に撮った「戸田家の兄妹」（四一）の父（藤野秀夫）も、次の「父ありき」（四二）の父（笠智衆）も、寅之助と同じように急に苦しんで死ぬ。前者では「六十九だからなあ」とセリフも行年を合わせている。そして二作とも息子の結婚を予定あるいは予感させて終る。「戸田家の兄妹」の息子の昌二郎は、安二郎と一字違いで中国帰りという点から、自身を重ねているという見方が強い。「嫁もらえ、嫁もらえ」の言葉をまずは作品でかなえた感じである。

たしかに小津は世間一般の結婚適齢期を戦争に奪われた。三十九歳から四十二歳まではシンガポールなどに滞在、敗戦抑留。ようやく帰還し監督復帰したものの「長屋紳士録」（四七）、「風の中の牝雞」（四八）を経て「晩春」（四九）になると、小津のスタンスは、結婚する娘ではなく、それを見送る老父のほうに移り、距離を置いて〈人間生活の歴史の順序〉の中で結婚を見ようとしている（第十章）。

山田洋次監督は「東京物語」の現代版「東京家族」（二〇一三）や舞台「麦秋」の演出など、松竹の大先輩たる小津への敬愛を作品に表明している。「母と暮せば」（一五）で原爆死した息子（二宮和也）の母（吉永小百合）は息子の婚約者（黒木華）が結婚し幸せになるのを願う。その姿はそのまま「東京物語」の紀子ととみ（東山千栄子）に対応し、後日談的な趣があった。

「母と暮せば」の出発点となった井上ひさしの戯曲『父と暮せば』は、原爆で霊となった父が生き残った娘の幸福な結婚を願う。父娘が今度は「晩春」に重なる。娘は結婚できない理由を父に訴える。

うちよりもっとえっとしあわせになってええ人たちがぎょうさんおってでした。そいじゃけえ、その人たちを押しのけて、うちがしあわせになるいうわけには行かんのです。うちがしあわせになっては、そがあな人たちに申し訳が立たんのですけえ。（井上ひさし『父と暮せば』新潮文庫）

サバイバーズ・ギルト（生存者の罪悪感）とも言われる。山中貞雄をはじめ無数の兵士たちが戦場で死んだ。運よく生き残った申し訳なさ、義理立てから、責任感の強い小津は『父と暮せば』のように一生独身を決めたのか。第十二章で言及した罰の感覚である。しかしこれは小津を特別視しすぎているかもしれない。あくまで小津は多くのふつうの生き残り兵の一人である。独り身に縛られているわけではない。

小津には「月は上りぬ」という脚本がある。「長屋紳士録」のあとに予定された作品で、四七年秋ごろ斎藤良輔と共同で執筆、製作準備に入ったものの配役等の事情で延期。代りに「風の中の牝雞」を撮る。その後も休眠状態が続き、結局は田中絹代の監督で実現、五五年一月に公開された。

舞台は奈良。中心となる安井昌二と浅井節子は、昌二の兄（故人）と節子の長姉・千鶴が夫婦なので、義理の兄妹の間柄。節子は昌二を「お兄様」と呼ぶが、ほとんど恋人である。偽電話を使って二人は、昌二の親友・雨宮と節子の次姉・綾子を結婚させようとする。縁結びを成功させた昌二たちも結婚して東京へ。千鶴も亡夫の友人・高須との再婚が暗示される。つまり三姉妹とも結婚に向かう結末である。

浅井家は、戦争中に東京から疎開してきた。「戸田家の兄妹」と同じ麴町からである。千鶴、綾子、節子の姉妹の名前も同じ。戸田昌二郎が、ここでは安井昌二だ。苗字に安二郎の安をつけ、より自身化を意図している感がある。昌二が就職先を生活苦の友人に譲ってしまうところなどは「俺は後でいいよ」と引き揚げ船の順番をスタッフに譲った小津のエピソードを思い出させる。昌二の相手が節子とくれば、つい原節子を重ねたくなるが、偶然だろう。「晩春」の前の仕事だし、戦前から使ってきた名前の一つである。

もし、これが予定どおり小津の戦後第二作として製作されたらどうだったろう。「処が『長屋紳士録』、少しも昔と変らないというわけだ。何てしぶとい奴だ、ってね」(『人と芸術』)と言った前作と同じく、戦前との変らなさをアピールできたはずだ。「兵隊で日華事変、太平洋戦争だろ」という二つの大きな空白期をはさんで「淑女は何を忘れたか」(三七)、「戸田家の兄妹」「月は上りぬ」と〈麴町の家〉が続いている。

「でも奈良はお能のテンポよ、どうしたって薪能よ、東京はアレグロよ」と帰京を思う節子に、父の茂吉は「それはお前昔の事だよ、お前の思ってるような東京、もうありゃしないよ」と言う。「でも、行って見たいのよ、どんなになってるか……麴町」と節子が言うと茂吉は「そりゃ草がはえてるよ」とクールに返す。空襲で〈麴町の家〉は焼失したのだろう。

敗戦からまだ二年足らずの混乱を避けるように舞台を奈良に移した。変らない日本を古都に求める姿勢は「晩春」「麦秋」につながっていく。

配役は浅井茂吉（笠智衆）、千鶴（入江たか子）、綾子（高杉早苗）、節子（高峰秀子）、安井昌二（佐野周二）、雨宮渉（上原謙）、高須俊介（佐分利信）を予定していた。[*1]「父ありき」で本格化した笠智衆の老け役の戦後のスタートがこの作品だったかもしれない。[*2]

注目したいのは小津自身に擬した息子が「戸田家の兄妹」「父ありき」に続き、結婚をする点だ。「俺と一緒に東京へ行くんだ……当分贅沢は言えないぞ……めしも焚くんだぞ……洗濯もするんだ、何から何まで一人でやるんだぞ、いいな」「真黒になってよく働くんだ……その代り俺がうんと可愛がってやる」と昌二。ロー・アングルとは逆に、ずいぶんと上から目線のオトコ発言だが、節子は「堪え切れなくなって泣き出す」。

千鶴の夫・浩一が戦死なのかは不明だが（執筆時は占領下にありGHQ側の検閲指導もしくはそれへの配慮か？）「先日は浩一君の三回忌に御案内頂きまして」というセリフがあり「東京物語」の紀子の夫と同じく敗戦の年に死んでいる。父・茂吉は「いや、未亡人だからって何もそう堅苦しく考える事はない。お前には先々まだいろんな楽しみがあるんだ、今度はお前の番だよ、よかったら行ったらどうだい」と再婚を勧める。

敗戦後まだ二年、「あたくし狡いんです」と「東京物語」の紀子が言う六年前である。大きな解放感がある一方で混乱も続き、狡さを自覚するほどには歳月は流れていない。生き残った、生かされているという感覚が、素直にポジティブな思考や行動につながっている。「月は上りぬ」

の三姉妹すべてが結婚、昌二も新しい希望を抱いて東京へ復帰する。小津に昌二を重ねれば、この時点では結婚をあきらめていない。

そして「月は上りぬ」の代りに次に手がけた「風の中の牝雞」は「あまりいい失敗作ではなかったね」（『人と芸術』）と自身がみなす作品となる。子どもの病気のために体を売ろうとした妻と、それを知り苦しむ帰還兵の夫の姿が描かれる。苦い結婚生活である。

「月は上りぬ」の昌二が「これからは二人で二人の新しい生活を拵えて行くんだ。お前ももう二十《はたち》でもう大人だ、いいなあ」と言うのに対し「風の中の牝雞」の夫（佐野周二）は「この先まだ長いんだ。いろんなことがあるぞ。もっとどんなことがあるかも知れないが、どんなことにも動じない俺とお前になるんだ。どんなつらいことがあっても、笑って信じ合ってやって行くんだ……いいなあ」と言う。同じ励まし合いでも、ただ希望にもえる結婚前と、現実を背にした結婚後とではニュアンスが違う。明るい幻想を抱いていない。二つの作品の間の小津の気持ちの移ろいをあれこれ想像したくなる。

当時の小津が結婚を考えたとすれば、相手は小田原の芸者の頃から（戦時不在の中断をはさみながらも）関係が続いた森栄だったろう。一方「月は上りぬ」執筆のころ、小津は前章で扱った戦争未亡人の村上茂子と知りあっている。

高橋治は『絢爛たる影絵——小津安二郎』（文藝春秋）で「栄女はその後東京の築地にうつり待合を営む。そして、二人の人生の交流は小津の死まで続く。死が小津に確実な足どりで近づいて来た頃、小津の望むことを栄女は眼の動きだけで立ちどころに理解したといわれている。その二人の心の寄り添いははた目にも羨しいほどのものだったようだ」と書く。待合「森」は松竹本社にも近く、小津はひんぱんに利用する。待合に呼んだのは「母や弟だけではなかった。佐藤一郎が小津と原とが痛飲するのを見たというのは、この栄女の家なのである」という。

この四七、四八年ごろの小津の日記は現存しないが、五四年からの日記では、この待合で何度も村上と会っている。五五年一月二十九日の日記は「築地おかめにゆく　天婦良（羅）　のち森栄による　茂女くる　良輔足利に帰る　雑談茂女泣く　鎌倉りんどうによる　山内くる」（『全日記』）と淡々とした行動の記載の中にドキリとする人間関係が見える。

二人の女性の存在が小津とどのようにからんでくるか。ただ言えることは「月は上りぬ」から「晩春」の間で、結婚というものが小津自身から次世代の問題に移り、みずからは一気に〈駆け足にも似た老成〉を進めていったということだ。

「風の中の牝雞」を失敗作とみなした小津は、脚本共作の相手にベテラン野田高梧を求める。野田は家族を愛するよき家庭人だったという。対して小津は、言わば家庭外人。野田は〈もう一人の小津〉として遺作「秋刀魚の味」（六二）に至るまで、絶妙の相方となる。そして小津自身は「目下の心境じゃひとりがいいね」のまま一生を終える。

＊1　『キネマ旬報』臨時増刊一九九四年七月七日号〈小津と語る〉掲載の田中眞澄「『月は上りぬ』（一九四七年版）解題」から引用。
＊2　笠は後の映画化でも茂吉役。茂吉は「麦秋」の奈良に住む周吉の兄と同じ名である。

第十六章　結婚はしたけれど

私が勝手に〈裏・小津〉と呼ぶ戦後の作品群がある。「晩春」（一九四九）にはじまり「麦秋」（五一）、「彼岸花」（五八）、「秋日和」（六〇）、「秋刀魚の味」（六二）など、娘が結婚するまでのお話を描いたディス・イズ・小津！　的な作品を〈表・小津〉とすれば〈裏・小津〉は「風の中の牝雞」（四八）、「宗方姉妹」（五〇）、「早春」（五六）、「東京暮色」（五七）など、異色作として評価も今一つ、批評で扱われることも少ない作品である。そして〈裏〉に共通するのは、夫婦生活の重さ。幸せになるんだよ、と祝福されて結婚へ至る〈表〉に対し、結婚はしたけれど、が〈裏〉なのである。

「晩春」の翌年公開の「宗方姉妹」は小津にはめずらしい新聞連載小説（大佛次郎）の映画化。はじめて他社（新東宝）で撮った。

宗方忠親（笠智衆）は満州鉄道の要職にあったが、引き揚げて今は京都に隠棲、胃がんで余命いくばくもない。忠親には二人の娘、節子（田中絹代）と満里子（高峰秀子）がいる。節子は銀座で酒場を共同経営している。失業中の夫・三村亮助（山村聰）との間はあまりよくない。かつて節子は田代宏（上原謙）に思いを寄せていたが「……あたしがほんとに宏さんを好きだと気がついた時には、三村との（結婚）話がきまってたの」。戦後、そんな二人が再会、たがいの思いも再燃する。

あらゆる価値観が大転換した敗戦から五年、姉妹には日本女性の新旧が対照される。節子は着物姿で控えめ。父・忠親と同じく古都の風物を愛し、夫の横暴にも忍従している。対して満里子はモダンで積極的。ややエキセントリックで、節子の姿勢にも「古いわよ！　古い古い、お姉さん古い」と言い切る。小津は「淑女は何を忘れたか」（三七）の桑野通子のようなチャーミングさを加えて脚色している（徳川夢声風の声色で姉と田代の恋を語る高峰がかわいい）。

節子をめぐる二人の男も対照的だ。フランス帰りの田代は神戸で経営する家具工房が順調で、節子の酒場の苦境を援助しようとする。一方、夫の三村は（原作では安東の副市長として新都市建設を計画していたが）敗戦で引き揚げた今は職もなく、無為を酒に求める日々。新時代に乗った男、取り残された男との違いだ。

田代との逢瀬を記した昔の節子の日記を三村が盗み読み、不信をエスカレートさせる展開は、満里子が日記を無断で田代に送りつける原作と変えている。その脚色で、節子をめぐる夫と元・恋人との三角関係をより明快にした結果、夫の三村がより単純な敵役になったキライがあり、原作者の大佛もやや不満のようで「原作では亮助は悪役ではない、境遇からおく病になっているのが彼の偽悪や強がりの全部の原因なのだ。弱いだけの平凡な男なのである」[*1]と述べている。

田中絹代・上原謙コンビと言えば松竹大船のメロドラマ代表作「愛染かつら」（三八。野村浩将監督）が有名だが、この映画の脚色は野田高梧だ（原作・川口松太郎）。「宗方姉妹」は、そんな流れを思い出させる一方で、ほかの小津作品との共通性や連続性もいろいろある。

まず「風の中の牝雞」との関連である。両作とも、田中絹代の妻が仕事のない夫との関係に悩む。復員した夫（佐野周二）が不在中の妻の売春を知り苦しむように、「宗方姉妹」で三村は節子の不貞を疑う。言い争いになり三村は節子の頰を七回も平手打ちする（脚本は「節子の頰を二つ三つ続けさまに毆る」）。これは原作にはないアクションだ。「風の中の牝雞」の階段から妻を突き落とす場面の強烈さに匹敵する。平手打ちは、階段落ちのバリエーションとして考えられたか。

節子は離婚を決意するが、その前に三村は急死する。だが節子は田代との再婚に向かわない。「三村はあたしに暗い影を残していったんです……。その暗い影がだんだんひろがって、あたしから離れないんです」と別れを告げる。

節子が暗い影を感じるとき、いっしょに平手打ちの痛みもよみがえるはずだ。第八章で触れたように〈小津の平手打ち〉は戦前、出征前の「淑女は何を忘れたか」にも見られた。しかし七回は多い。階段から突き落とす、平手打ちをする、この激しさには、オトコ社会を前提にした、失業中の鬱屈や妻の不貞疑惑への憤りがあるだけではない。

もう一つ。三村にしても田代にしても、当時この世代の男たちの多くは（観客も含め）従軍体験者である。さらに「こうした支那兵を見ていると、少しも人間と思えなくなって来る。どこへ行ってもいる虫のようだ[*2]」と言うまでに至った歩兵伍長の小津を重ねると、戦場仕込みの暴力衝動の遺残を見てしまう。「風の中の牝雞」の脚本は、小津と斎藤良輔の共作で野田はいない。とすれば階段落ちは小津の案のはず。〈泥中の蓮〉のたとえ（第十二章）でいえば〈裏・小津〉には、泥の部分が顔を出している。暗い影を引きずっている

前作「晩春」との関連はどうか。「宗方姉妹」の節子の結婚は、自分の意志ではなく、父たち周囲がすすめた話である。その意味では「晩春」の紀子（原節子）と同じだった。「晩春」「麦秋」で紀子を演じた原節子は、その後「東京物語」（五三）では戦争未亡人、「東京暮色」は家庭不和の別居、「秋日和」と「小早川家の秋」（六二）も未亡人。夫婦は幸福なまま添い遂げられない。小津が結婚を〈人間生活の歴史の順序〉の一過程、ほんのはじまりととらえる以上、それがゴールインとかハッピーエンドといった〈終着〉を意味するはずもない。そして人生は続く。

妹の満里子が、夫に耐え続ける節子の態度を「古い！」と決めつけたとき、節子は「それが古いことなの？　それがそんなにいけないこと？――あたしは古くならないことが新しいことだと思うのよ。ほんとに新しいことは、いつまでたっても古くならないことだと思ってるのよ。そうじゃない？」「あんたの新しいってことは、去年流行った長いスカートが今年は短くなるってことじゃないの？」と言い返す。単に古風な女ではない。古さを堂々と主張している。このセリフも原作にはない。

小津は五〇年一月一日の『読売新聞』に「僕は古いもので……新しい年への提言」の見出しで「永遠に通じるものこそ常に新しいのであって」「現象が変らぬこと…それが新しいのであるから、古いとか新しいとかいうことが、ただ現象だけでいわれるのなら僕の今年はことさら古いものを追及したい」と同じ内容を語っている（第十二章）。「晩春」公開から二ヶ月あまり後、「宗方姉妹」

の脚本作業に先がけた段階での、これは発言というより宣言である。

節子は小津だ。変るか、変らないか……古いものが旧体制的と次々に否定され、占領アメリカ文化が席巻する時代にあって、新旧の対立は、日本のさまざまな場や分野で見られた。戦後の小津の本格的な復活は「晩春」からはじまるが、その成功の要因には、鎌倉、京都と、昔も今も変わらない古都のくらしを背景に求め〈人間生活の歴史の順序〉に普遍的な価値を見出したことがある。「永遠に通じるものこそ常に新しい」……モダニスト小津にとって、それは回帰ではなく、一つの発見だった。

〈終った人〉たる父・忠親の思いを受け継ぎながら、美しい和服姿で節子は古都の風物を愛でる。新聞連載小説が原作、はじめての他社作品という言わば〈ヨソ行き〉の映画で、新旧を対照し、戦後の暗い影を潜ませることにより、前作「晩春」の手ごたえとは何か、〈泥中の蓮〉に逢着した過程をあらためて小津は解説してみせたのである。

小津が新東宝で撮る経緯は、映画のプロデューサー児井英生が書いた『伝・日本映画の黄金時代』（文藝春秋）に詳しい。まず小津の交渉からはじまり、次に『宗方姉妹』の映画化を持ちかける。小津は原作者の大佛と横浜のホテルで会い「題名と人物は大佛さんのをそのまま使って、中を変えてもいいですか」「いいでしょう」となる。新東宝の佐生正三郎社長から主演に田中絹代の名前があがり交渉すると「小津先生ならと二つ返事でOKしてくれた」。この時田中は日米親善使節として三ヶ月間の訪米が決まっており、映画は帰朝第一作を目論んでいた。

田中は四九年十月二十一日「桃山時代風の着物」（翌二十二日付『毎日新聞』）で、約三百人の見送りの人々に囲まれ華やかに出発。ところが翌年一月十九日に帰国した時は「行く時の和服姿とうって変ってエンジのベレー帽に銀狐のハーフコート、碁盤じまのツーピースというサッソウたるハリウッドのニュールック、渡米三カ月、映画の新知識をぎっしり詰め込んだ身のこなしだ」（翌二十日付『毎日新聞』）。パレードでサングラスを外さず、投げキッスを送る姿が人々のバッシングにあう。「絹代さんは滞米中にマックス・ファクターを訪問、メーキャップや着付けを学んできたので、その成果を披露しようとしたのだろう。それもアメリカ土産のひとつと考えたのかもしれない」、「〝われらが絹代〟までアメリカの軍門に降ってしまったのかという失望もあったろう。『アメリカかぶれ』という評はともかく、『アメション女優』とまでコキおろされて、絹代さんはすっかり精神的にまいってしまった」（児井、前掲書）。

一月二十日付『毎日新聞』で田中は帰国第一回作品について「宗方姉妹」をおそらく念頭に「一般の人達は私がアメリカ帰りだからモダンな役を予想しているでしょうが私としては日本の女性というものをはっきり描いた作品がいいと思っています」と発言している。しかし新東宝と古巣松竹との間で揉め、田中は二本かけもち主演で両方の言い分に応える結果となり、小津の不興も買う。松竹の木下惠介監督「結婚指輪《エンゲージ・リング》」が「宗方姉妹」より一ヶ月早く公開されたものの、三船敏郎演じる年下の医師に惑う人妻役は最悪の評判。『朝日新聞』五〇年七月七日付夕刊には「田中絹代は平凡。ムキになって彼女を追っかけることはなかったというのが一般の批評」とある。「老醜」と書く批評さえあったという。

高峰秀子は『わたしの渡世日記・上』（朝日新聞社）で証言する。「わたしは田中絹代とは戦前から戦後にわたって何本も共演をしたが、『宗方姉妹』の撮影だけは彼女の演技に、なんともいえない迷いや逡巡が感じられ、その様子が小津監督をいらだたせて、彼女が焦れば焦るほどその結果は芳しくなかった。／（中略）場所は忘れてしまったが、田中絹代が私に向かって独り言のように小さな声をもらした。／『鎌倉山のね、私の家のそばに崖があるでしょう?……あそこから、飛び降りようと、したの……何度も何度も、ね。そうすればみんなお終いになるから……』」と高峰を絶句させる。

古いもの対新しいもの。それは田中だけでなく、小津だけでなく、当時の日本人すべてが直面する問題だった。やがて田中絹代は、年齢に開き直ることで失意から這いあがり、溝口健二監督「西鶴一代女」（五二）、成瀬巳喜男監督「おかあさん」（五二）、五所平之助監督で上原謙共演の「煙突の見える場所」（五三）などで新たな演技世界を見いだし、大女優としての一生をまっとうする。

＊1　大佛次郎「映画『宗方姉妹』——作者の立場から」『朝日新聞』五〇年八月二十九日。
＊2　「小津安二郎戦場談」『大陸』三九年九月号／『全発言』より。

第十七章　戦いのあとの風景

戦後一年一作ペースで作品を発表してきた小津だが「東京物語」公開の一九五三年十一月から「早春」公開の五六年一月まで二年以上の間が空いた。

まず「月は上りぬ」問題があった。五三年末、日本電信電話公社（ＮＴＴの前身）から日本映画監督協会に劇映画を作る話があり、紆余曲折のすえ小津が「長屋紳士録」（四七）の次に予定したまま宙に浮いていた「月は上りぬ」の映画化が日活・田中絹代監督で決まる。小津は脚本改訂だけでなく協会常務理事（五五年度から会長）の立場での交渉雑務に追われる。製作再開したばかりの日活と既存の映画五社（松竹・東宝・大映・新東宝・東映）との調整も難航し、その影響もあってか五四年九月、小津は松竹との契約から離れフリーとなる。十月、諸問題が解決してようやくクランクイン、翌五五年一月に公開の運びとなる[*1]。

その間の五四年八月十八日、小津は蓼科にある野田高梧の山荘（雲呼荘）をはじめて訪れ、次回作の構想を一緒に練る。八月二十七日の『小津日記』に「風呂にゆく　仕事の話ひらける　兵隊の話を思ひつく　ラスト出来る　信州大学の丘に登る　題名　早春と決る」とある。

九月六日付『東京新聞』で早くも構想を語っている。「二つのときに子供をなくした勤人夫婦の話で、不良というんじゃないが、いたずらな女事務員がいてちょっと男をからかう。（中略）細君はシットというほどじゃないが面白くない。けれど二人が岡山へ転勤住いになるなどしているうちに気持が解けてくる。（中略）『東京物語』は老人夫婦をやったから、今度は中年期物で、夫婦の愛情がほんとに固ってくるといったところを書いてみたいと思った。『早春』という題にしてみました」（『語録集成』）。

発想の順が最初は「兵隊の話」で、次に「勤人夫婦の話」へと広げたのなら「早春」の主眼は〈復員兵の戦後〉にあったのか。十年ひと昔、と戦後がくくられる頃だ。東京駅前の丸の内ビルにある会社に勤める主人公・杉山正二（池部良）は戦友会に出かける。酒が進み、手拍子で陽気に歌い、思い出話に花が咲く。戦死したひとりが「分隊中で一ばん臆病だったにも関らず、細君は亭主がいかに勇敢だったかを聞きたがって困った」という話などは小津の実話から脚色したものという（野田高梧「小津安二郎という男」『人と芸術』所収）。

戦友たちは、さまざまな職についている。鋳物工場を経営する坂本（加東大介）とラジオの組立てをしている平山（三井弘次）の二人は泥酔して正二の家に押しかけて泊り、妻の昌子（淡島千景）を閉口させる。翌朝、正二は「大体サラリーマンなんてものは、昔、一銭五厘で集まった兵隊とおんなじ様なもんだよ、人は在り余ってるしさ、重役になれるのは千人に一人あるかなしだよ」と言う。「もはや『戦後』ではない」という言葉は五六年七月発表の経済白書に出てくる。次の六〇年代に向かってサラリーマンは企業戦士として高度経済成長の道をひた走る。

正二という名前は「麦秋」（五一）で戦死した紀子の兄・省二、「東京物語」で戦死した紀子の夫・昌二とショウジつながりである。省二や昌二が生還すればありえた日常、という見方もできる。

正二は通勤仲間の〝キンギョ〟こと千代（岸惠子）と浮気をする。それに気づいた妻の昌子は五反田の実家に戻る。そんな危うい夫婦生活を軸に、通勤仲間との交流（ピクニック、麻雀、うどん会）、会社組織の人間模様（脱サラ先輩、同僚の死、転勤）など、戦争が終り、ゆっくりと〈人間生活の歴史の順序〉を取り戻す日常風景のいちいちを丹念に追い、一四四分と小津映画では最長の上映時間になっている。

俳優では、淡島が「麦秋」（五一）から二度目の出演だが、池部、岸、高橋貞二などを初起用した。彼ら通勤仲間のグループは、蓼科の山荘に集まる若者たちをヒントにしたという。

撮影当時三十七歳の池部が演じた正二の年齢を、脚本は三十三歳としている。三十三歳は小津が応召した年齢でもある（三七年九月）。過酷な戦場から〈肯定的精神〉を学ぶ前の、つまりは自身の人生においても〈早春〉の時期だった。

池部にも厳しい従軍体験がある。四二年二月応召、中国山東省に派遣。「四四年には南方へ。途中、輸送船が撃沈されて九死に一生を得て、ハルマヘラ島に上陸、第三十二師団所属の衛生中隊の中隊長として終戦まで同島に駐留。四六年六月まで抑留されて帰国」[*2]。長い年月を戦争に奪われ、栄養失調で復員した後も腸チフスを患ったという。

池部といえば今井正監督「青い山脈」（四九）に代表される戦後青春スターのイメージがある一

方、谷口千吉監督「暁の脱走」（五〇）、市川崑監督「ブンガワンソロ」（五一）などの兵士役も印象にある。特に山本薩夫・亀井文夫監督「戦争と平和」（四七）で戦場の後遺症から気が狂う男は強烈だ。

転勤を言い渡された正二が机の上でタバコの箱を指で回すカットの撮影では何回やっても小津がOKを出さず、池部を困惑させたことがあった。翌日、小津は池部に「あの回し方はね、俺にとっちゃ早かろうが遅かろうがどうでもいいんだ。お前の顔には、五年間戦争で苦労して、栄養失調になって帰って来て、ヤレヤレというものが滲んでいるはずだよ。戦争経験者なんだからね。陰鬱な顔しているはずなんだ。ところが、お前はこの撮影に入る前から今まで、なんだか知らないけど、のんびりした顔している」と言ったという。[*3]

もちろん小津が言う「陰鬱な顔」だから、あからさまに暗い顔をしろ、というのではない。笠智衆に能面を求めたように、表情ではなく存在自体から感じさせる気配、ここでは〈戦争の影〉にこだわっている。

全篇にわたって正二はあまり喜怒哀楽に激した表情を見せない。サラリーマンを「兵隊とおんなじ様なもんだよ」と、かつての戦場と今ある日常とを重ねながら、どこかアンニュイで、自身を客体化している。〈肯定的精神〉に通じるものがある。小津自身と重なるものがある。

その意味では、病床にある同僚の三浦（増田順二）を正二が見舞う場面は、小津の未映画化脚本「ビルマ作戦　遥かなり父母の国」を思い起こさせる。足切断の重傷を負った足立軍曹（笠智衆予定）が相原伍長（佐野周二予定）たち戦友に遺言を語る場面である（第七章）。

会社や仲間が恋しいと話した三浦も翌日に死ぬ。このエピソードは「お茶漬の味」(五二)まで助監督をつとめた塚本芳夫の急死に由来すると思われる。『小津日記』によれば「東京物語」脚本執筆中の五三年四月八日、塚本が紫斑病で大船診療所に入院、笠智衆らと見舞うが、翌々日の十日「朝めしをすましたところに益子から電話で　塚本の容態が悪いとの報せがある　大船にゆく　塚本ハ睡眠中で昨夜苦しんだ由(中略)時間の問題の由／故里にひんぴんと電報打つ／四時四十五分　永眠」。翌十一日は告別式。「暁方四時すぎ雨の中を塚本の父母くる　愁嘆見るに耐えず　香華枕頭をかざる」。小津は翌十二日の火葬場、十三日「塚本の遺骨が故里に帰るので大船駅で送る」まで連日つきそった。足立軍曹に山中貞雄の死があったように、三浦にも〈映画の戦友〉を重ねている。

「早春」は五四年夏の蓼科で構想を練りはじめているが、脚本執筆は茅ヶ崎館で『小津日記』によれば五五年三月三十日「脚本今日から書き出す」から六月二十四日「(午後)一時三十分　脱稿する」と長丁場になった。

この間の五月四日、岸松雄の司会で小津と野田による座談会が行われ、『シナリオ』六月号に掲載された。その席で岸が「ちょっと聞いたのだけど、小津さん『暗夜行路』やるのですか」と聞いている。

小津　まだやるともやらないともきまらない。

野田　小津さんがやっても、ぼくは御免をこうむる。
小津　ああいうものをやる自信がない。
野田　盲目蛇で、志賀先生を知らないでやればやれる。
小津　こうなってくると手が出ないじゃないかな。強いてやれなければ、あれによく似たようなまやかしものをやれというのだ。

志賀直哉の小説『暗夜行路』について、すでに「風の中の牝雞」（四八）における妻の不貞、階段から突き落とす場面などに影響を指摘する説は多い。[*4]「東京物語」（五三）の尾道は『暗夜行路』の前身『時任謙作』を執筆した地。実際に小津は志賀の住んだ家の周辺をロケハンしている。そして「早春」脚本執筆のあいだも意識にあったことは確かだ。

『小津日記』で検証してみる。五五年三月十二日「一時起床　佐藤一郎がくる　池部の話　暗夜行路の話　共に昼めしをくふ」、三月二十日「岩波から出る志賀直哉全集の推薦文をかく」、四月七日「志賀先生から暗夜行路のことで電話あり」、四月九日「夕めしののちうたゝねしてゐると池部良がくる　ケテルスのソーセーヂもらふ　少しおくれて佐藤一郎くる　熱海の乾物もらふ」とある。佐藤は東宝系列の東京映画のプロデューサー。池部主演で『暗夜行路』の監督依頼をしていたと考えるのは強引な推測ではないだろう。[*5]ただ小津にとって、戦地で読み、もっとも感動した書の映画化はあまりに畏れ多かった。

夕方から安義まで道普請。この二三日前から暗夜行路を読む。岩波文庫で、前篇は二度目だったが後篇ハ始めてで激しいものに甚だうたれた。これハ何年にもないことだった。誠に感ず。
（三九年五月九日『小津日記』）

…もう読み終わって〈暗夜行路〉、十日程にもなるのに　神韻縹緲とでもいふのであらうか、未だに新しい感動を覚へて快よい。小雨となる。今夜ハ出帆しない。（同年五月十七日『小津日記』）

志賀の文学について小津は「何というか、そこにものの見方と人間の愛情というものが、たいへん出ていますね。つまり、ただ事件がどういうように進展してゆくかだけでなしに、事件の上に書いている人のものの見方と愛情をもった主観があるということですね」（『映画新潮』五一年十一月号）（『語録集成』）と語る。日常での人の心を端正に綴った文章は、遥か非常の戦地にある小津をいかに潤したか。小津が記した「兵隊の話」とは、そんな戦地での読後感を思い出しての発想だったかもしれない。

『暗夜行路』の謙作夫婦は赤ん坊の長男を丹毒で亡くし、「早春」の正二夫婦も疫痢で亡くす。両方とも夫婦関係に悩む。志賀には『早春』と題した随筆集（四二年、小山書店）もあった。

＊1　製作の経緯は、参考とした柿田清二『日本映画監督協会の五〇年』（協同組合日本映画監督協会）に詳しい。
＊2　『キネマ旬報七九年十月増刊　日本映画俳優全集・男優編』佐藤忠男の記述による。

＊3　志村三代子・弓桁あや編『映画俳優　池部良』（ワイズ出版）より引用。

＊4　この座談会でも岸が同様の問いかけをすると小津は「あれに似て非なるもの、馬方と親方と似たようなもので、それは意識も何もありゃしない」と答えている。

＊5　佐藤一郎製作、池部良主演の「暗夜行路」は五九年、豊田四郎監督で実現する。

第十八章　志賀と成瀬と戦後と

小津と志賀直哉の交流は一九四七年、「映画と文学」と題する『映画春秋』の座談会で顔を合わせたことからはじまる。

「長屋紳士録」（四七）の試写を見てから出席した志賀は小津に好感を抱いたようだ。同年六月十三日付の奈良東大寺の別当、上司海雲に宛てたハガキに「此間活動の雑誌に出す座談会をやった小津安二郎といふ監督そのうち奈良へ行きたいとの話、もしお訪ねしたらどうか差支えない程度に便宜を与へてくれ玉へ　人間も評判がよく、会った感じも大変いい人だし、監督としては最も良心的な人らしい…」とある。書き方からみて、これが初対面だったと思われる。

小津の奈良行きは「月は上りぬ」脚本につながる。志賀は二五年から三八年まで奈良に住み『暗夜行路』後篇を執筆。前年四六年六月にも東大寺観音院にしばらく滞在している。「月は上りぬ」に登場する父・浅井茂吉のイメージは、おそらく志賀であろう。

以後、交流は深まり、小津は志賀の家を訪ね、新作のたびに脚本を送り、完成した映画の意見を仰ぎ、折々に進物をしている。志賀は小津宛の書簡（五五年七月三十一日付）で、桃の贈送御礼に続けて「『早春』のシナリオも通読しました。小説を読むのと同じ気持で拝見しました。いい映画が出来さうに思ひました」と書いている。

「早春」公開後の五六年六月には、里見弴と三人で、浜松、蒲郡、京都、大阪を旅する間柄になっている。同行した里見は「小津君の志賀直哉に対する崇拝というか、憧憬というか大変なものでして、彼一流のわがままが志賀の前だと、霜に煮え湯をそそいだ如くに消えてしまう」と証言している（里見弴「はにかみや」『人と仕事』所収）。

小津が「早春」に起用した池部良も志賀と親しい関係にあった。志賀の日記に名前がはじめて出てくるのは五一年八月二十七日、軽井沢つるや旅館で「長与（善郎）も一緒に食事をしてゐるところに石坂洋次郎、池部良を連れて来る」。石坂は池部主演の今井正監督「青い山脈」（四九）の原作者である。翌二十八日「夕方雨の中を池部の自動車で皆でアメリカンベーカリーに行く、梅原（龍三郎）を送り、鶴屋に帰る　長与の部屋で池部と三人で少時話し、部屋に帰る」、翌二十九日「池部を呼んで一緒に夜食」。妻・康子宛のハガキにも「隣室は池部良で却々気持のいい青年で（中略）二日に自動車で帰るといふので貴美子（志賀の娘）も一緒に乗せて貰ふ事にした」とある。〈先生のお気に入り〉になった池部は「その後、たびたび湯河原の先生のお宅へ、先生からの直接の電話で招かれた」「やがては、こちらから押しかけるようになった[*1]」。

小津は池部について「あの人とは初めての仕事だが、前から知っていた。風ぼうもキレイだし、インテリで勘もいいし、独特のふん囲気を持った役者だ」と語っている（五六年一月二十日付『東京新聞』／『語録集成』）。

『小津日記』では五三年二月十八日「上原葉子[*2]から電話で明日池部良が宿屋にいつてもよろしいかとの問合せ　よろしいと答へる」とあり、翌日の夕方「酒一本　ジョニーウオッカー　バカディー」をみやげに茅ヶ崎館を訪問したのが初対面のようだ。

志賀をめぐる二人の関係を考えれば「晩春」（四九）のとき志賀が「原さんを使ってみたら」と言ったという話があるように、小津との会話に「いちど池部君を使ってみたら」が出てもおかしくない。

前章末の『暗夜行路』映画化の話に池部がからむのも、事前に志賀のお墨付きがあってのことである。池部本人いわく、志賀の原作による千葉泰樹監督「好人物の夫婦」（五六）も「池部君ならできるかもしれん[*1]」、豊田四郎監督で実現した「暗夜行路」（五九）も「君が謙作をおやりになるんだったらいいです[*3]」だったという。

池部は当時東宝の所属で、他社出演を制限する五社協定に引っかかっていたが「松竹に出られるように話がつくまで、撮影は待っている[*1]」という小津の言葉に感激する。こうした池部へのこだわりには、その演技、人柄、兵役体験者であることに加え、尊敬する志賀への気づかいがあったことは確かだろう。ちなみに「麦秋」（五一）で紀子（原節子）の友人の一人、マリを演じた志賀真津子は志賀の友人の娘。志賀から小津を通して松竹に入社。芸名の姓は志賀、名前は小津の津をとっている。志賀の日記には「一年でさういふ役を貰ふ事、小津の特別の好意によるものだらう」とある。

「早春」について、志賀直哉への意識とともに指摘しておくべきは、五五年一月公開の成瀬巳喜男監督「浮雲」である。

「早春」構想中の二月九日『小津日記』に「朝めしのすんだところに笠くる　酒二本もらふ　車を呼んで野田さんと三人　小田原東宝に出かけて　浮雲と明治一代女を見る　浮雲に大変感心する」と書き、さらに文末で「浮雲をみて大変気持ちがいゝ」とある。同十一日「シナリオめしをよむ　これハ感心しない　説明が多いからだ／昼寝　入浴　夜野田さん浮雲をよむ　辰野隆さん高峰秀子に手紙を書く」。高峰への手紙は「『浮雲』を見た。デコにとっても成瀬にとっても、最高の仕事だと思います。／早く四十歳になって、僕の仕事にも出て下さい[*4]」という内容だった。成瀬にも手紙をおくり、成瀬はたいへん喜んだという。

成瀬が監督した「めし」（五一）の脚本を云々しているのは二月三日に「参考に林芙美子の〈めし〉を読み始める」、翌四日「めし読了　仲々参考になる」と、倦怠期にある夫婦の日常描写に刺激を受けたからである。

小津の「浮雲」賛は続く。「この間『浮雲』を見たが、いいね。大人の鑑賞に十分たえる、大変なもんだ。その少し前に、『狂熱の孤独』ってフランス映画を見たんだが、問題じゃない。『浮雲』の成瀬のうまさ――長足の進歩をとげてるね。中篇的な監督から、ガカイのある大物になったという感じだ。そりゃ、二、三の欠点はある……それを入れても、今迄の日本映画の最高のレベルを行ってるよ　あれを見たんで今年の仕事が延びちゃった。『浮雲』だよ、何ていったって……あ、いけねえナ、怠けてちゃいけねえナ……と思ったね」（「『早春』快談」『シナリオ』五五年六月号）と脚本遅延の理由にしている。

撮影に入ってからも、池部と東宝とのスケジュール上のからみ、脚本と撮影時との季節のズレなどで遅れが出た。さらに「撮影時間に俳優がそろわないことで、もうひとつ手間を食った。掛け持ち俳優が多いから、二人は体が空いていても、一人来ないために撮影ができないことがある」（『東京新聞』一月二十日付／『語録集成』）と不満をこぼす小津だったが、そんな掛け持ち俳優の中に「浮雲」でおせい（岡田茉莉子）の亭主を演じた加東大介、富岡（森雅之）の妻を演じた中北千枝子はじめ、「稲妻」（五二）や「あにいもうと」（五三）の浦辺粂子、「めし」の田中春男と、東宝・大映の成瀬作品メンバーの初出演が目立つのは、偶然と思えない。

それほど小津が「浮雲」に魅かれたものは何か。もちろん「浮雲」は五五年度『キネマ旬報』ベスト・テン第一位に選ばれ、日本映画史上ベスト・テンでも「東京物語」（五三）や「七人の侍」（五四）などと上位を争う名作中の名作。いいとこだらけであるが、そこに「早春」との共通性なり、小津の個人的な思いがさらに加わっている。

「浮雲」の富岡（森）とゆき子（高峰）に対して「早春」は正三（池部）と千代（岸惠子）が逢いびきを重ねる。石坂昌三『小津安二郎と茅ヶ崎館』（新潮社）に「のぞき事件」と題する章がある。小津は、茅ヶ崎館に滞在する若い脚本家たちに命じて連れ込み客の部屋に張りつかせ、報告会を楽しんでいたという。『小津日記』にも五五年四月十七日「隣室に男女の客あり　終日戸を鎖じて喃々　おゆうさん曰く　どうもあの分でハご夫婦ぢゃありませんね」といった記述がある。石坂は「それにしても、あの名作『東京物語』の楽屋裏でと驚く。小津は〝連れ込み〟のエピソードを『早春』で、ちゃっかり使っているのである」と書く。

他人の連れ込みだけではない。当時小津は村上茂子との関係を続けていて（第十四章）茅ヶ崎館に呼んでいる。脚本を書き始めた三月三十日から脱稿する六月二十四日の間の『小津日記』でも、四月二日「茂女くる」、四日「早朝茂女から電話にて午後来る由（中略）十時頃茂女帰る」、十四日「茂くる」、二十五日「茂来らず」、二十六日「村上と会ひ　後楽園にゆく」、五月六日「のち高梧吉沢　茂子　静夫　富二と並木やぶ」、十八日「村上から戸隠そバ　土産にもらふ」、十九日「茂帰宅おそく不参」、三十日「村上から電話　のち戸穏《ママ》の蕎麦をもつてくる」、六月四日「茂女より電話にて来客の由　他日来訪するとのこと也」、十四日「この日仕事が早くすめバ村上くるとのことなれど来らず」、十七日「朝　村上より電話で夕方くる由」、十八日「村上帰る」と頻出する。

「浮雲」の二人は、戦争中の仏印（現在のベトナム）のダラットで深い関係になる。日本軍の支配下にあった現地では優雅に過ごしていたが、敗戦で引き揚げると一転。再会してから腐れ縁の関係はずるずると、ゆき子が屋久島で死ぬまで続く。「いつ迄も昔の事を考えたって仕方がないだろう…」と言う富岡に、ゆき子は「昔のことが、あなたと私には重大なんだわ。それをなくしたら、あなたも私も、何処にもないんじゃないですか！」と言い返す。ダラットでの日々が美しく回想されるように、二人にとっては、戦中が明るく、いま生きている戦後が苦しい。南の島にまで追い込まれる二人きりの世界は、ある意味で罰を受けているみたいだ。罪の感覚が二人の交情をさらに研ぎすませていく。

小津は四三年六月、軍報道部映画班員として南方へ、主にシンガポールに滞在した。予定した映画撮影も中止となり、小津は大量のアメリカ映画を見たりして日々を過ごす。三七年から三九年までの中国大陸での過酷な従軍と違い、敵と戦うこともない。一緒に滞在した脚本家の斎藤良輔は「あちらでは結構、楽しかったそうですね」との質問に「ほんとうに楽しかった。どこにいったって同じだと思ってね。楽しいって言っちゃ悪いけど、ほとんどの人はみんな呑気でね。負けたらいいよ、なんて言っている人もいたしね[*5]」と回顧。シンガポールで偶然小津に会った大佛次郎は、その印象を「軍服と制帽でいるあの胸の厚い堂々たる体軀が、将軍を見るように異彩を放っていた」（大佛次郎「時代映画を考えた」『人と仕事』所収）と記している。

そんなシンガポール時代が「浮雲」のダラットに重なったか。戦争未亡人の村上との逢瀬がある種の後ろめたさとともに「浮雲」の二人と重なったか。いずれにせよ、かつての松竹蒲田撮影所の同僚が手がけた「浮雲」が小津の心を激しく打ったものは〈戦後〉というものの背負い方ではなかったろうか。人それぞれ背負うものに違いはあっても、どれ一つ軽いものはなく、また消えるものでもなかった。

＊1　池部『山脈をわたる風』（小学館文庫）より引用。ただし池部は志賀との出会いを五五年ころの話としている。池部の記憶違いであろう。
＊2　上原謙の夫人（加山雄三の母）で松竹の女優だった小桜葉子。
＊3　志村三代子・弓桁あや編『映画俳優　池部良』（ワイズ出版）より引用。
＊4　高峰秀子『わたしの渡世日記・下』（朝日新聞社）より引用。
＊5　『小津安二郎映畫讀本［東京］そして［家族］』（発行・松竹映像版権室、発売・フィルムアート社）掲載の「斎藤良輔

氏（脚本）に聞く」（聞き手・田中眞澄）より引用。
●志賀直哉の日記および書簡は『志賀直哉全集』（岩波書店、二〇〇〇年）第十五、十九、二十一巻より引用。
●「浮雲」の脚本は『日本シナリオ文学全集　水木洋子集』（理論社）より引用。

第十九章　サセレシアの女

戦後の小津映画を論じるときに使われる〈小津〉には、そのまま個人を指していない場合がある。〈小津〉は二人いる。言うまでもなく「晩春」（一九四九）から遺作「秋刀魚の味」（六二）まで脚本を共作した野田高梧の存在である。

二人がノートに書きあげた脚本は、最終的に野田の長女・玲子が清書したので、どこが小津、どこが野田かがわからない。「わ」とか「よ」などセリフの語尾まで一致したというほど気の合った名コンビ。蓼科にある野田の山荘（雲呼荘）の近くに小津も山荘（無藝荘と名づける）を借り、一緒に想を練って執筆するスタイルは「東京暮色」（五七）から本格化した。[*1]

しかし「東京暮色」では対立した。玲子は「『東京暮色』の時は、ほんと、小津さんはすごくのって一所懸命やっていたわけね。うちのおやじさんは、『俺はいやだね』っていうわけ、私はちょっと別のところにいたから、毎晩ここ（雲呼荘）へ御飯食べに来て飲むわけでしょ。そうすると小津さんが、『野田さんがやってくんない《ママ》だよ、玲子ちゃん、困るんだよ』って何回も何回もこぼしたわけね[*2]」と言う。

映画が完成した時も小津の助監督だった及川満は「撮影所で夜明けに行なわれた試写の後、小津安二郎は、全く口惜しそうにその作品の不出来を悔んだ。その時、傍の野田高梧は、その小津安二郎を冷やかともとれる程完全に冷静な態度で、じっと観察するように瞠めるだけであった。恰も、作品の失敗は当然というように[*3]」と証言している。

異色作とも失敗作とも言われる「東京暮色」だが、野田が非協力的だったぶん、小津その人が色濃くナマで出ているのかもしれない。

題名どおり夜の場面が多く、話も暗い。銀行監査役の杉山周吉（笠智衆）には二人の娘、孝子（原節子）と明子（有馬稲子）がいる。孝子は夫の沼田（信欣三）と不仲で二歳の娘と実家に戻っている。明子は恋人の木村（田浦正巳）の子を妊娠して沈んでいる。そんな時、長く出奔したままの母・喜久子（山田五十鈴）の消息がわかる。明子が三歳のころ周吉の部下と駆け落ちして満州に渡るが、相手の男は死に、引き揚げて今は相島（中村伸郎）と五反田で麻雀屋をやっていた。その店でめぐりあった明子は、妊娠中絶による混乱も加わり、自分の出生に疑いを抱く。そして恋人にも幻滅し、踏切事故で死ぬ。孝子は喜久子に妹の死を告げ「お母さんのせいです」と言う。喜久子は相島と北海道へ去る。

「晩春」のセリフにある〈人間生活の歴史の順序〉でいえば「東京暮色」では母親の駆け落ちや未婚の妊娠が順序を狂わせる。とどめは娘の死という逆縁である。題名の当初の意図はどうあれ[*4]「東京暮色」は、明ではなく暗、暖ではなく寒、小津映画をネガで見るような作品になった。

「東京暮色」は、出奔した母とのからみからエリア・カザン監督「エデンの東」（五五）をヒントにしているという説がある。小津と野田がこの映画を見たかは不明だが、構想中の五六年九月二十六日『小津日記』に「雨　片倉に行かず　エデンの東よむ」の記述がありジョン・スタインベックの原作を小津が読んだことは認められる。

ただ「エデンの東」がすべてとは言えない。より近い題材で言えば第十六章で言及した〈裏・小津〉の一つ「宗方姉妹」（五〇）の家族関係を踏襲している。父・宗方忠親（笠智衆）とタイプの違う二人の娘、節子（田中絹代）と満里子（高峰秀子）である。節子は失業中の夫（山村聰）との関係がよくない。大佛次郎の原作によれば娘たちが幼いころに母と死別している。「晩春」にしろ「宗方姉妹」にしろ、母の不在が父と娘の日常をつくってきた。思い出だけに閉じこめ、触れられなかった不在の理由を「東京暮色」はいじわるく暴露してみせた形だ。明子が自分の出生に疑問を抱くのが志賀直哉『暗夜行路』と同じなのは言うまでもない。

母よりも女であることを選んだ喜久子である。明子と会ったとき喜久子は、むかし近所に住んでいたおばさんとして「ねえ、皆さんお元気」とたずねる。「お姉さんいらしったわね」「お子さんは」ときいたあと「お兄さんもお元気」と息子・一雄のことになる。「死にました」「まあどうして」「山で、谷川岳で」「いつです」「二十六年の夏」「そうですか」と表情をちょっと暗くするが涙はない。他人のフリとはいえ、惣領たる長男の死に対し、あっさりしている。過去にドライだ。それは生来の気質か、駆け落ち以降の体験の所産か。

この喜久子に、伝説の女優・岡田嘉子（一九〇二〜九二）を重ねたくなるのは私だけではないだろう。無声映画時代から松竹の大スターとして活躍。スキャンダルも多く、三八年一月、妻ある舞台演出家、杉本良吉と樺太から越境しソビエト連邦に亡命するがスパイ容疑で逮捕、杉本は処刑された。戦後はモスクワ放送局に勤務し、元日活俳優の滝口新太郎と結婚。五二年、岡田の健在が日本に伝えられ話題となっていた。加えて、五三年秋に内田吐夢監督が中国抑留から帰国したことも設定づくりのヒントにあるはずだ。

岡田嘉子は小津作品にも出ている。「また逢ふ日まで」（三二）では娼婦、「東京の女」（三三）では酒場で怪しいバイトをする女、「東京の宿」（三五）では娘の病気から酌婦となる女。生活上の訳アリを抱えながらも根はやさしい水商売のクロウト系ばかり。こういう女性に小津は惹かれるのか、小田原の芸者時代から関係のあった森栄をつい重ねてしまう。ちなみに森栄との関係がはじまるのは三五年春ごろといわれる。「風の中の牝雞」（四八）で子どもの病気から売春を考える時子（田中絹代）も、友人の秋子（村田知英子）が「昔一緒に広小路のオリエントに居た時、危いとこで、あたしあんたに救われたことあったわ」と言うことから、結婚前は水商売っぽい。おそらく喜久子も同じだろう。

店に現れた孝子から「お母さんのせいです」と言葉を浴びせられると喜久子は近くのおでん屋で酒を飲み「あたし、もう東京いやンなっちゃった」と相島に愚痴り、北海道へ一緒に行くと伝える。出奔して二十年ちかく、敗戦抑留をはさみ、流れ流れてどこでも喜久子は異邦人だ。もはや東京は通過地点の一つにすぎなくなっている。

「東京暮色」の音楽を担当した斎藤高順に小津は「今度は全篇『サセレシア』でいくよ」と指示したという。『サセレシア』とは、前作「早春」（五六）で杉山（池部良）が病床の同僚を見舞う場面に「悲しい曲や綺麗な曲では画面と相殺してしまうので、歯切れのよい『サ・セ・パリ』や『バレンシア』のような音楽を[*5]」という注文で斎藤が作曲したもの。気に入った小津はシャレて『サセレシア』と命名した。「東京暮色」では「全篇」はオーバーだが、冒頭タイトル、エンディングのほかに、喜久子の麻雀店・壽荘の場面に使われている。

店で明子とはじめて会う場面にはじまり、「小母さん、あたしのお母さんね」「あたしはほんとにお父さんの子なの?」「明ちゃん死にました」まで、母娘再会、出生の疑問、明子の死と続く重い展開とかかわらず、メロディは軽やかに流れる。喜久子が娘の死を知ったときは、壽荘を出ておでん屋で酒を飲む場面まで続く。そんな使いどころからいえば『サセレシア』とは〈喜久子のテーマ〉なのである。

小津は喜久子を否定的に見ていない。タイプの女性である。敗戦抑留から苦労して引き揚げてきた喜久子を〈帰還兵〉とみなせば、小津が凄惨な戦場体験で見出した「それはそれでよしッ!」の〈肯定的精神〉は、喜久子の処世訓でもあったのかもしれない。娘の死から北海道行きを決めるまでの気持ちの切り替えの早さはどうだ。出奔の決心も、大陸での苦労も、子どもの死も、どんな悲愴な状況でも『サセレシア』のメロディは軽やかに流れて、すべてを平準化していく。

脚本が完成したころの取材で小津は「いままでは劇的なものは避けて、なんでもないものの積み重ねで映画を作ってきたが、こんどは僕のものでは戦後初めてドラマティックな作品となろう」(『毎日新聞』五六年十二月十三日夕刊)と語っている。

ただ「東京暮色」に〈劇的〉な状況はあっても、脇の人物たちは、それにふさわしい対応を示さない。明子の恋人・木村も妊娠の始末には逃げてばかり。はじめ明子役に岸惠子を予定していたように、高橋貞二、須賀不二夫など「早春」の顔ぶれをまわりに置いたが、明子の妊娠を高橋は小西得郎の野球解説風に語り「ラージポンポン」と揶揄する。踏切事故に関わった食堂・珍々軒の義平（藤原釜足）は「踏切番の親爺がションベン出しててね、電車は来るわ、ションベンは出るわで」と深刻な雰囲気に合わない話を延々とする。「お母さんのせいです」と立ち去る孝子を喜久子が「孝ちゃん、孝ちゃん」と追いかけるのを麻雀屋の客が受けて「孝ちゃん、孝ちゃんか、ハイ、ポン」と愁嘆場を茶化してみせる。

『サセレシア』と同じ気分である。杉山家の〈劇的〉を周囲はあくまで他人事に見ている。冬の東京そのままに乾いている。それによって明確になるのは、周吉、孝子、明子、そして喜久子それぞれの孤独だ。

北に向かって発車まぢかの汽車の中で喜久子は、孝子が見送りに来るかもとしきりに外を見る。そんな未練は最後の甘えか。隣で相島が「来やしないよ、おい、もう諦めなよ」と言う。ホームで明治大学校歌を合唱して見送る集団の騒々しさが逆にさびしさを募らせる。

同じころ孝子は夫の家に帰ると周吉に話す。「向うへ帰って沼田とうまくやってけるかい」と言う周吉に「やってけなくても、やってかなきゃならないと思います」と答える。

ひとり暮しになる周吉も「イヤァ、どうにかなるよ」と言う。のちに小津は「これは若い女の子の無軌道ぶりを描いた作品だと言われるが、ぼくとしてはむしろ笠さんの人生——妻に逃げられた夫が、どう暮して行くかという、古い世代の方に中心をおいてつくったんです」（『人と芸術』）と語っている。だが周吉を中心に映画を見た人は少ないはずだ。〈劇的〉を表情や行動に見せたりしないからだ。現実にそむかれても周吉は「晩春」の周吉と同じく〈人間生活の歴史の順序〉の遵奉者だ。自分を律しながら長いあいだ独りで家族の日常を支えてきた矜持か、喜久子に会おうともしない。娘が死んでからも何事もなかったように日常を続ける。

これも一つの肯定的精神かもしれない。「あたし、出直したい。はじめっから、もう一度はじめっからやり直したい、アア」と死んでいく明子の遺志を受け継ぐように、それぞれが、やってけなくてもやっていく人生を続けていく。ひとりぼっちを抱えながらの再スタートである。『サセレシア』が「今日も又心わびしい周吉の出勤である。／ゆっくり向うへ歩いてゆく」シーンに流れて映画は終わる。意味のないこの造語に意味を求めれば、諸行無常。あるいは、ケセラセラ……なるようになる、ということだろう。

＊1　前作「早春」（五六）は構想期間のみ山荘で、執筆は常宿の茅ヶ崎館で行った。また「彼岸花」（五八）は湯河原の中西旅館で執筆。

＊2　井上和男編著『陽のあたる家　小津安二郎とともに』（フィルムアート社）より引用。

＊3　『シナリオライター野田高梧をしのぶ』（フィルム・ライブラリー助成協議会）より引用。

＊4　「東京暮色」は「母を恋はずや」（三四）の傍題に考えられたことがある。「戸田家の兄妹」（四一）の題名が里見弴の小説『安城家の兄弟』の借用だったように、同じく里見の『山手暮色』（二九年刊）の借用という見方もできる。

＊5　松竹株式会社編『小津安二郎　新発見』（講談社）の斎藤高順の発言より引用。

第二十章　小津ふたり

原節子にとって「東京暮色」（一九五七）は「東京物語」（五三）以来の小津映画出演だった。「晩春」（四九）から続いた役名が紀子から孝子に変った。孝子は夫との不和に悩んで実家に戻るが、妹の死から「やってけなくても、やってかなきゃならない」と夫の元に帰っていく。〈泥中の蓮〉にふさわしい紀子と異なり、暮しの実感が重くなっている。

戦後の原節子の代表作のいくつかには成瀬巳喜男監督作品がある。小津の「麦秋」（五一）のすぐ後に公開された「めし」（五一）は原と成瀬の初顔合わせ。「東京暮色」までには「山の音」（五四）、「驟雨」（五六）と、夫の浮気に悩んだり、日々の生活に倦怠感を抱いたりする妻を演じている。この流れで言えば「東京暮色」の孝子は成瀬のキャラに近い。

成瀬の「浮雲」（五五）に「大変感心」した小津は「早春」（五六）で影響を素直に出した。加東大介、中北千枝子、浦辺粂子、田中春男など成瀬映画の脇役が初出演。「東京暮色」では、引き続きの浦辺と田中に「おかあさん」（五二）、「夫婦」（五三）の三好栄子が産婦人科医で加わる。食堂・珍々軒の主人の藤原釜足はすでに「宗方姉妹」（五〇）に出演しているが、成瀬では「旅役者」（四〇）、「秀子の車掌さん」（四一）など常連的存在。しかも珍々軒は、松竹蒲田時代の成瀬が毎日のように通った店の名前だった。

　やはり初出演の山田五十鈴も「鶴八鶴次郎」（三八）、「歌行燈」（四三）などの成瀬作品への出演があるが、キャリアで見れば成瀬に限定されるものではなく〈恋多き女優〉のイメージ、あるいは小津が「日本映画で私の心服した作品が二本ある。それは溝口健二氏の『祇園の姉妹』と成瀬巳喜男氏の『浮雲』である」と言ったとの藤本真澄の証言[*1]があり、「祇園の姉妹」（三六）のしたたかな芸妓〝おもちゃ〟の印象が強くあったのかもしれない。

　山田が演じた喜久子は、駆け落ちした男と死別後、ナホトカで知り合った相島（中村伸郎）と一緒に引き揚げ、五反田で麻雀屋を営む。相島は北海道に職を見つけ「この寒いのに室蘭くんだりで一人じゃ寝られないよ」と誘う。「浮雲」の富岡（森雅之）とゆき子（高峰秀子）は仏印のダラットで知り合い、戦後の流転を経て、富岡が職を見つけた屋久島でゆき子は死ぬ。

　南で知り合った「浮雲」の二人は最後も南へ流れる。北で知り合った「東京暮色」の二人は北へ。この相似は偶然だろうか。

　小津と成瀬を語るとき、松竹の撮影所長だった城戸四郎の「小津は二人いらない」という発言がよく使われる。そう言われて三四年に成瀬は松竹を去ったのだと思われている方が多いようだが、ちょっと違う。

　出典と思われる岸松雄「成瀬巳喜男小伝」[*1]によれば、成瀬がサラリーマン喜劇「偉くなれ」（三二）を撮ったとき「城戸所長から返って来た言葉は『小津は二人要らないんだよ、成瀬君』であった。『大学は出たけれど』『その夜の妻』『東京の合唱』『生れてはみたけれど』と一作ごとに独自の作風を築きあげて来た小津安二郎の亜流になるなという戒めである」。それに成瀬が奮起したか、その後の「蝕める春」(三二)、「君と別れて」(三三)、「夜ごとの夢」(三三)は『キネマ旬報』ベスト・テンにも入り、P.C.L.に移ると独自の世界をさらに磨きあげてゆく。

小津は二人いらないし、成瀬も二人いらない。「早春」「東京暮色」における小津の成瀬映画への傾斜は、創作上の迷いや悩みがあったのか。野田高梧との対立の一因なのか。野田の娘・玲子は「いつも、今度はなにをやるか苦しみに苦しんでいました。『麦秋』、『東京物語』、そこでやりたいことはやってしまったんでしょうね、二人で会うたびに『次は何をやりますかね』って、ればっかり。／身近な出来事がよく映画のヒントになりました」*2と証言している。

「東京暮色」脚本執筆中の二人の心境を『小津日記』と野田が記した『蓼科日記』であたってみた。

『小津日記』——五六年十一月一日「シナリオ執筆にかゝる」から十二月二日「村上　笠くるシナリオ完成祝」と愛人の村上茂子を呼びよせて祝うまで「仕事　捗る」「仕事大いに進む」など順調ぶりが記されている。

一方の『蓼科日記』は——十一月一日「ファースト・シーンより約二枚、すべり出し好調なり」、同七日「蓼科山初雪也　仕事良好也」、同十日「仕事、夕食前、第九場面をあげ、食後、第十、第十一場面をあぐ。この好調を持続したきものなり」、同十一日「頃日『東京暮色』のシナリオの進行まことに順調」、同二十七日「脚本もいよ〳〵完成の見込み立ち、大体十二月二日を以って完成祝ひの日と予定す」、同三十日「玲子早速清書にかゝつてくれる。下書十三枚が四十四枚になる」、十二月三日「玲子早朝から清書にかゝり八時すぎ終る。二百八十四枚なり」と、意外なことにこれも順調の記述ばかりが続いていた。

意見の相違は、執筆作業に入る前の十月二十九日の記述に少しある。「夜、小津君、静子〔野田夫人〕にコンストト〔ラクション〕に従ってストーリーを語る。静子の意見として笠〔智衆〕の孫に対する愛情、信〔欣三〕の子供に対する愛情の表現に就いて、一応異議あり。こっちの考へてゐたことなり」と、独身の小津に対して野田には、よき家庭人たる自負が感じられる。

個人的な『小津日記』が非公開なのに対し『蓼科日記』は山荘の来訪者にも記述を求めた。映画の関係者が読む場合もある。野田は作業上の不満やいらだちを押し殺していたのではないか。不協和が表面化した時のよけいな心配や混乱を嫌う、プロとしての矜持か。

脚本完成直後の取材で小津は「近ごろは〝大船調〟批判がきびしいようだが正調の〝大船調〟とはこれだ――それが僕がこの映画を作る魂胆さ」〔『毎日新聞』五六年十二月十三日夕刊／『語録集成』〕と自信を見せていたが、公開されると「この写真のことを正調大船調ともっぱらいわれているらしいんですが、これは松竹の作品が当らないと『大船調というものも再検討すべきときにきている』なんていいだす松竹の重役達への僕の皮肉で必ずしもこの作品が大船調だっていうわけじゃないんですよ」〔『東京新聞』五七年五月一日夕刊／『語録集成』〕と自らの発言を打ち消している。

もっともな話だ。そもそも松竹の蒲田調、〔撮影所移転して〕大船調を城戸四郎とともに作りあげたのは野田高梧なのである。その相手と小津は対立したのだ。

野田は二四年に松竹蒲田脚本部に入社、二八年にみずからの提案で脚本研究所を開設、大船移転のころは脚本部長だった。野田脚本、小津監督による「東京の合唱《コーラス》」（三一）などの〈小市民映画〉に代表される蒲田調（大船調）を城戸四郎は「松竹としては人生をあたたかく希望を持った明るさで見ようとする。結論を云うと、映画の基本は救いでなければならない。見た人間に失望を与えるようなことをしてはいけない。これが、いわゆる蒲田調の基本線だ[*3]」と定義している。〈大船調〉で言うなら、孝子が見送りに来るかと汽車の中から喜久子が待つ場面は、野村浩将監督「愛染かつら」（三八）の、新橋駅で津村浩三（上原謙）が高石かつ枝（田中絹代）を待つ場面にルーツがあるのか。この脚本も野田の手によるもの。娘・玲子は「父はメロドラマは『愛染かつら』なんかで書き飽きてたんですね」と言っている。[*2]

「近ごろは〝大船調〟批判がきびしい」とは、一つに日活の〈太陽族〉映画の人気との比較がある。五六年五月、石原慎太郎原作の「太陽の季節」（古川卓巳監督）が大ヒット、石原裕次郎というスターを誕生させる。当時のちょっと不良な若者像と言えば〈太陽族〉が象徴した。「太陽の季節」のヒロイン英子（南田洋子）は中絶手術を受けて死に、「東京暮色」の明子（有馬稲子）も中絶後に事故死する。中絶に関連して『蓼科日記』に野田の私的な記述がある。

五六年六月二十八日「久より来信、玲子妊娠せるも、右の卵巣に嚢腫あり、しかも産道狭少《ママ》にて帝王切開の要ある旨報じ来る。余等、小津君も交へて協議」。久とは玲子の夫、脚本家の山内久である。そして七月二日「玲子より電報あり『ナガスコトニシタ』」と。本人の心情はいろ〳〵複雑ならんも、質屋からの電報の感なきに非ず」と悲しい判断を記す。野田にとって初孫誕生のはずだった。

「浮雲」にもわびしい病院でゆき子が中絶する場面があるが「東京暮色」の病院は、より胡散くさい。お尻をかきかき女医（三好栄子）が現れ、処置を事務的にすすめていく。自宅に戻った明子は、孝子の娘がよちよち歩くのを見て「いや！」と叫ぶ。悲しみにダメ押しをしている。

こうした描写を野田が書きたいと思うだろうか。しかも脚本を清書するのは当の玲子だ。「おれはいやだね」と言ったに違いない。私小説作家のように「身近な出来事」を「映画のヒントに」した二人だが、それによって相手に悲しい思いや苦痛を強いても許されることなのか。「映画と家族、どっちを選ぶか」と問われたとき、迷わず家族を選ぶのが野田なら、小津は映画だった。

もう一つ。五六年九月二十三日の『蓼科日記』に「今日は岸の自殺の件、原の不和の件、ラストの情景など稍形整ふ」との記述がある（明子には当初、岸惠子を想定していた）。しかし明子の死は、たしかに自殺しかねない心理状態だったものの、最終的には踏切事故として扱われた。そこにも「身近な出来事」がからんでいる。「東京物語」撮影に入るひと月前のこと、原節子は兄を鉄道事故で亡くしていた。

原の兄、会田吉男は東宝のカメラマンだった。五三年七月十日の夜、御殿場駅構内で熊谷久虎監督（原の義兄）、原節子、上原謙主演「白魚」の撮影中、会田は列車の到着を撮るため線路上にカメラをすえていたが、列車が予定位置に停止せず、撮影助手とともに両足をひかれる。事故を目撃した原はそのまま病院に付き添う。十一日午前一時すぎ、出血多量で兄は亡くなる。

「あたし死にたくない」とうめく明子の枕元で「明ちゃん、しっかりして」と声をかける孝子の姿は、まるでその再現だ。演じる原の気持ちは想像するまでもない。

明子の死に方は、小津の選択だと思う。第十七章で触れたように「早春」で池部良がタバコの箱を指で回すカットの撮影で、小津はなかなかOKを出さなかった。池部の体に戦争で苦労した実体験が滲んでいないからだという。原に対してもそれを求めていたのではないか。脚本家というより演出家としての読みである。映画のためなら小津は冷酷非情もいとわない。映画に殉じるリアリストだった。

「人生をあたたかく希望を持った明るさで見ようとする」大船調の姿勢は野田自身のものでもあった。だから「東京暮色」における小津の志向は受け入れがたい。どちらが正しいかではなく、意見の違いは〈映画とは何か〉にまで至る。

「東京暮色」に関して、助監督だった及川満は「小津安二郎の五七日忌の席上、野田高梧はこの作品に対する激しい嫌悪を私に語った。リアルに現実を表現することは無意味と思う。現実を越えた或る何か、それを映画の中で描きたい。大意はそうであった[*4]」と証言している。

＊1　『成瀬巳喜男監督の特集』（フィルム・ライブラリー助成協議会）より引用。
＊2　『考える人』二〇〇七年冬号（新潮社）より引用。
＊3　城戸四郎『日本映画伝　映画製作者の記録』（文藝春秋新社）より引用。
＊4　『シナリオライター野田高梧をしのぶ』（フィルム・ライブラリー助成協議会）より引用。

第二十一章　やわらかな修復

自身の意欲に反して「東京暮色」（一九五七）は野田高梧との脚本共作上の対立を生み、一般の評価も低かった。小津は「ベストテン十九位だからなあ」と嘆いたという。[*1]『キネマ旬報』五七年度ベスト・テン（五八年二月下旬号掲載）は一位が今井正監督の「米」で三四二点。十九位の「東京暮色」は二〇点である。もちろん絶対評価ではないけれど、上位を当然としてきた小津にとってこれは屈辱。山田五十鈴が女優賞に選ばれたとはいえ、賞状に書かれた演技対象は「蜘蛛巣城」「どん底」（二作とも黒澤明監督）、「下町《ダウンタウン》」（千葉泰樹監督）。「東京暮色」は含まれていない。

同号掲載の北川冬彦「一九五七年度総決算」も「小津安二郎の『東京暮色』は、本人の努力にもかかわらず、依然として旧来の小津調から脱出できなくて、大へん不評を買った作品である。永年つくり上げてきた殻を破ることは至難の業だろうが、中途半端であることがまずいのではないか」と手厳しい。小津調にとどまっても、脱しようとしても批判される袋小路状態だ。

〝小津の神様〟たる志賀直哉の反応もよろしくない。小津の新作公開時の宣伝には志賀の推薦文がよく使われたが「麦秋」（五一）の「淡々とした描写の中に捨て難い味がにじみ出ていて立派な芸術品となっていることは何よりも喜ばしい」、「東京物語」（五三）の「嘘がない、いい小説を読んだあとのやうな感銘をうけた。僕が見た小津君の作品の中では一番いいと思ふ」といったこれまでに対し「これは悲劇であるが、小津監督は繊細な技巧を用ひて、出来るだけ柔らげて描ひてゐる。しかし、父に背いた母親に対する姉妹の反感は物凄いばかりで、長い年月苦労して来たらしい母親には惨酷すぎる気がした。然し人生ではかういふ事は、却つて本統にあるのかも知れない」と回りくどい。気に入っていないのだ。

では名誉挽回たる次作をどうするか。北川は前掲文を「シナリオの野田高梧から一度離れて見るがいいのだ。マンネリズムの原因は、おそらくそこにあると考えられる」と続けたが、やはり野田を頼る。

「仕事中、意見が食いちがうと、両方とも、二日も三日も殆ど口をきかず、ただ僅かに『白樺の葉が散りはじめましたね』とか『ゆうべ夜半にそこの谷間でクイナが鳴いてましたね』とか、そんな当らず触らずの話だけするようなことが時々あった。そんな日が続くと、不思議なことに、それまで考えていた案とはまるで違った考えが、どっちかから出て、それでまた仕事が順調に進むのが常だった」（野田高梧「交遊四十年」『人と仕事』所収）と野田が語るように「東京暮色」も言い争って修復不能な仲になったわけではなく、再開は「さて次はどうしますかね」くらいの穏やかなものだったろう。

二人は五七年夏から蓼科で「浮草物語」（三四）の再映画化「大根役者」の構想に入り、十一月末に脱稿。翌年一月には新潟県をロケハンするものの製作延期。代りに初のカラー作品「彼岸花」（五八）を手がけた。「大根役者」は「浮草」と改題、五九年に大映で撮る。

「彼岸花」の原作は、志賀直哉の仲間でもある里見弴。小津と野田は昔から志賀文学と同様に里見文学の信奉者で、それまでも脚本で「里見さんのものは大へんもらっております」と野田が言うと「内緒でもらっている」と小津が受け、セリフも「里見弴愛読者として、里見弴ならどういう言い回しをするかと思う」[*2]ほど。里見の回想では、原作を映画化したいと小津から申し入れがあり、それなら「いつそ映画化されることを意識して、新たに一作をかきおろさうではないか、との相談が一決し、早速、小津、野田君と三人で湯ケ原に滞在」して大筋をつくった。「私は私で、ほゞ似たやうな筋の小説を書けばいゝので、正確な意味での合作とは言へない」[*3]。脚本も湯河原の中西旅館で書かれた。

商事会社の取締役・平山渉（佐分利信）は中学の同級生・堀江（北龍二）の娘の結婚式に招かれスピーチをする。翌日、式を欠席した同級生の三上（笠智衆）が渉の会社に来る。娘の文子（久我美子）が男と同棲し銀座のバーで働いているので渉に様子を見てきてほしいと頼む。続いて京都のなじみの旅館の女将・佐々木初（浪花千栄子）が現れる。娘の幸子（山本富士子）の縁談を何とかしようと人間ドックを口実に上京したという。渉も長女・節子（有馬稲子）の縁談を考えはじめた矢先、その恋人・谷口（佐田啓二）が会社に現れ結婚を申し込んできた。よその娘の結婚には理解ある態度を見せながら、自分の娘となると混乱してしまう渉だったが、周りとのやりとりから結婚を認めていく。

色彩も鮮やかに、明るくさわやか。さすがの演出さばきを見せる。「正調の〝大船調〟とはこれだ―それが僕がこの映画を作る魂胆さ」（第二十章）という「東京暮色」での発言は「彼岸花」にこそふさわしい。大映所属の山本富士子松竹初出演という話題もあり、映画は大ヒット。『キネマ旬報』ベスト・テンは第三位だった。[*4]

「つまり人生は矛盾の総和だといわれているが、そういった矛盾だらけの人生というものに焦点を合わせてみたい」（『東京新聞』五八年五月十三日夕刊／『語録集成』）と小津は語る。〈泥中の蓮〉のたとえのように「彼岸花」という題は、九月公開の季節感だけでなく、現世（此岸）の矛盾や困難を止揚して美しく咲く花を意味するのかもしれない。

対立は修復され、すべて和解を見るのである。

父と娘だけの「晩春」（四九）、「宗方姉妹」（五〇）、「東京暮色」、子が戦死した「麦秋」（五一）、「東京物語」（五三）、子を亡くした「早春」（五六）と、小津と野田が扱う家族は、誰かを欠いていた。[*5]しかし「彼岸花」の平山家は妻・清子（田中絹代）、娘が節子と久子（桑野みゆき）の親子四人、いわゆる標準世帯である。「東京暮色」で孝子（原節子）が「明ちゃん、やっぱり寂しかったんです……お母さんが欲しかったんです」と妹の死を嘆くが、不在感で物語のエッジを立てていない。

娘の結婚話は「晩春」「麦秋」以来である。「晩春」で周吉（笠智衆）は嫁ぐ紀子（原節子）に「――お父さんはもう五十六だ。お父さんの人生はもう終りに近いんだよ。だけどお前たちはこれからだ」と言う。この父娘の年齢は、当時の野田と長女・玲子に合わせていたが、実際に玲子が結婚するのは「晩春」から五年後の五四年のことだ。

「彼岸花」の渉の年齢設定は五十五歳。〈人間生活の歴史の順序〉から結婚を説く周吉がタテマエ的だったのに対し、矛盾まるだしの対応を示す渉には、その後の野田の実感なりホンネが加わっているのかもしれない。渉の家族構成も、野田の家と同じだった。

平山家のキャスティングも興味深い。長女・節子に「東京暮色」に続いての有馬稲子。妊娠中絶、自殺同様の事故死という前作の明子とは対照的に結婚を祝福される。節子という役名は、戦前から何度か使われているが、今回は確かに「晩春」「麦秋」の原節子を意識に置いた感がある。次女役の桑野みゆきは戦前の松竹で活躍した人気女優・桑野通子の娘。「彼岸花」での山本富士子の役どころは、関西弁つながりで「淑女は何を忘れたか」（三七）で桑野通子が演じた大阪の姪を思い出させる。

娘だけではない。「お父さんだってお母さんだって、そう幸せな時ばかりじゃなかったのよ。ずいぶん苦しい時だってあったのよ」と言う清子のセリフを裏づけるように、佐分利信は「お茶漬の味」で、田中絹代は「風の中の牝雞」（四八）、「宗方姉妹」で夫婦関係に悩んできた。

はじめ「東京暮色」的暗さを感じさせたのが三上の娘・文子だった。渉は銀座のバーを訪ねたあと、近くの食堂で文子から相手の男（渡辺文雄）を紹介される。「服装も整い、一応キチンとした青年である」と脚本にある。印象は悪くない。そして終盤、同窓会が蒲郡の旅館[*6]で開かれたとき三上は「あれからチョイチョイ家《うち》へも来るんだけどね。――まァ、どうにかやってりゃそれでいいよ……」と渉に報告する。

この文子の扱いが、里見の小説と大きく違う。小説では、相手の男は胸を患って長く入院したまま死ぬ。そして文子は修道会に入る。つまり尼さんになってしまうのである。
そこには気になる一致があった。野田の次女・陽子も五〇年秋にカトリック修道院に入っていた。出家は野田にとって「突如『尻を片っぽ持っていかれたような』衝撃であった」[7]。蓼科の山荘でも「佳き哉蓼科、楽しき哉蓼科、夏は酷暑を避けてここに到れば心身おのづからのんびりして世俗の煩はしさを忘る。茅屋何ぞ意に介するに足らん。／ただ思ふ、陽子を一度此処へ来させてやりたかったと」（『蓼科日記』五四年九月十三日）と記し、娘の不在を嘆く。

　自分の周辺の人物や出来事を小説に取り入れることはよくある。あまり気にもしないで里見は野田家の事情を使ったのか。しかし、前章で扱ったように「東京暮色」の明子（有馬）の中絶が野田の長女から、鉄道事故死が原節子の兄の死から派生し、それが小津と野田の不協和につながったと仮定すれば、どうだろう。同じ轍は踏まない。賢明な小津の忖度《そんたく》か、娘の出家も父娘の和解へ、それとなく話を改めていったはずだ。

　面白いことに「浮草（大根役者）」にしろ「彼岸花」にしろ、最後のポイントに男と女の、父と娘の〈和解〉を置いている。二人きりの部屋で小津と野田が、たとえば「浮草」の「もう一旗あげてみよか」「うん。やりましょ。やろ、やろ」などと仕切り直しのセリフを書きあうことが、そのまま互いの気持ちの融和につながっていったのではないか。

　桑野通子は「戸田家の兄妹」（四一）では佐分利信が演じた昌二郎の結婚相手となる時子を演じている。その娘が桑野みゆきだから「彼岸花」の渉を〈その後の昌二郎〉と考えるのも楽しい。

　この昌二郎を小津自身と重ねる見方に従うと、渉にも小津がいる。じっさい五四年十一月三日の『小津日記』に「清水富二の結婚式にてモーニングにて出京　陶哉によって開花楼にゆく　祝辞をやる　早く帰る／宿酔　上森と同車／君ちゃん　彼岸花を持ってくる」、翌四日「朝　あちこちに彼岸花の球根を植へる」と映画につながるような記述があった。「晩春」の「彼岸花」公開の年の暮れには小津も五十五歳。当時の一般会社員なら定年である。周吉に近づいた。

これまで小津は、周吉という〈終った人〉を通して〈人間生活の歴史の順序〉を見つめ、「麦秋」「東京物語」へと、あらたな作品世界を広げてきた。「駆け足にも似た老成」をはじめた。それはまだ観念的な老いでもあったろう。しかし自身が〈終った人〉の年齢に達してみれば、精神と肉体両面で、想像と実際とのズレは当然ある。自覚してくる。「彼岸花」から「秋刀魚の味」（六二）に至る作品をひと言で言えば〈老いの実感〉であった。

＊1　高橋治『絢爛たる影絵——小津安二郎』（文藝春秋）から引用。
＊2　『シナリオ』五五年六月号「『早春』快談」から引用。
＊3　里見弴『秋日和／彼岸花』（夏目書房）から引用。「早春」から松竹の小津作品の製作をつとめた山内静夫は里見の四男。
＊4　第一位は木下惠介監督「楢山節考」、第二位は黒澤明監督「隠し砦の三悪人」。
＊5　「お茶漬の味」（五二）は戦前に池田忠雄と小津で完成した未映画化脚本をリライトしたものだが、ここでも夫婦に子がいない。
＊6　五六年六月、小津は志賀直哉、里見弴と三人で浜松、蒲郡、京都、大阪を旅行している。
＊7　『シナリオライター野田高梧をしのぶ』（フィルム・ライブラリー助成協議会）の年譜（山内玲子・及川満編）より引

用。

●志賀直哉の文章は『志賀直哉全集』（二〇〇〇年、岩波書店）第八、九、十巻から引用。

第二十二章　なつかしい人

〈もう一人の小津〉たる野田高梧との不協和まで生んだ「東京暮色」（一九五七）について小津は「ぼくとしてはむしろ笠さんの人生――妻に逃げられた夫が、どう暮して行くかという、古い世代の方に中心をおいてつくったんです」（「自作を語る」『人と芸術』所収）と発言している。「『東京暮色』はゲラで出しちゃった。出来ればもう一度作り直したい」[*1]と弁明したともいう。しかしその後「妻に逃げられた夫」を題材に「作り直」すことはなかった。

次作に予定したのは「浮草物語」（三四）のセルフ・リメイク「大根役者」だった。三四年度『キネマ旬報』ベスト・テン一位の名作（三三年度「生れてはみたけれど」、三三年度「出来ごころ」に続く三連覇）。〃ジェームス・槇〃こと小津の原作で、脚本は池田忠雄。[*2]野田はからんでいない。ベスト・テン十九位の「東京暮色」と違って話の形や流れも見えるから、野田とぶつかる懸念も少なく、改稿は小津の主導で行われたのではないか。

五七年夏から蓼科で構想をはじめ十一月末に脱稿。五八年一月に新潟県高田市や村上市周辺などをロケハンするが、積雪が少なく製作延期。結局は「彼岸花」（五八）、「お早よう」（五九）をはさみ「浮草」と改題して初の大映で製作、五九年十一月に公開される。

ドサ回りの旅一座が海沿いの町にやってくる。その町には座長・駒十郎の昔の愛人お芳が二人の間にできた息子の清と住んでおり、駒十郎は足しげく通う。現在の愛人、一座のすみ子が秘密を知り、嫉妬から妹分の加代に清を誘惑させる……。

「東京暮色」が〈流れ者の母帰る〉なら、これは〈流れ者の父帰る〉である。五七年八月三十一日の『蓼科日記』に「『浮草物語』バックを北海道にしたらなどの話から、大体、海近い秋田、山形、越後あたりの海岸の町にしようといふ話になる。北海道は恰度撮影の時季が眞冬の雪になり、これも大へんすぎるからなり」とある。舞台設定の起点は北海道だった（「浮草物語」の舞台は信州）。「東京暮色」のラストで喜久子（山田五十鈴）が向かった先である。「妻に逃げられた夫」のほうではなく「逃げた妻」を追うように次作をつなげている。

「大根役者」が「浮草」になると、舞台は伊勢志摩周辺に移り、配役も大映契約の俳優を中心に一新。その変更は、嵐駒十郎（進藤英太郎→二代目・中村鴈治郎）、お芳（山田五十鈴→杉村春子）、すみ子（淡島千景→京マチ子）、加代（有馬稲子→若尾文子）、清（田浦正巳→川口浩）である。「大根役者」の予定では「東京暮色」と反対に、山田が不在の男を待ち、有馬が田浦を誘惑する役なのがおもしろい。

第十九章で私は「東京暮色」の喜久子のイメージに松竹の人気スターだった岡田嘉子を重ねた。「浮草物語」は、「出来ごころ」と岡田が出演した「東京の宿」（三五）とを合わせ、坂本武が演じた主人公の名前から〈喜八もの〉と呼ばれている。「浮草」では駒十郎が喜八に当たる。

「東京の宿」の喜八も「東京暮色」の周吉（笠智衆）と同じく「妻に逃げられた夫」だった。しかし性格や生き方はまるで違う。男の子二人を連れ、職を探して木賃宿で泊まる日々。同じ境遇で幼い娘を連れたおたか（岡田）に惚れる。おたかは病気になった娘のために酌婦となり、同情した喜八は盗みに手を染める。

「晩春」（四九）以降、小津は家族というものを通して〈人間生活の歴史の順序〉を見てきた。そして厳密な映像スタイルが主題に有効であったように、軸となる父親の周吉にも、ある種の戒律を強いた。「晩春」の周吉（笠）は再婚をせず、「麦秋」の周吉（菅井一郎）は故郷に隠遁し、「東京物語」の周吉（笠）はすべての事象を受けとめ、老いを静かに生きる。「東京暮色」の周吉も「妻に逃げられた夫が、どう暮して行くか」に対し、謹厳実直な日常で耐える。総じてカタブツである。

対して喜八は「出来ごころ」では若い娘の春江（伏見信子）に惚れ、「浮草物語」では愛人とめるように、自身のリビドーに素直で、ちょっといい加減な自由人だ。後年の「男はつらいよ」の寅さんが近いかも。喜八が周吉に会ったなら「さしずめインテリだな」と言うだろう。

「晩春」から「浮草」までおよそ十年。五九年十二月で小津は「お父さんの人生はもう終りに近い」と言った周吉と同じ五十六歳だ。十歳年長の野田を伴走者として進めた「駆け足にも似た老成」の歩みは、もう普通の速さで十分。老いは等身大で実感をともなってきた。

「ぼくは人一倍汗っかきでね。頭がはげているせいか頭のてっぺんから汗がでるんだよ。それをとめるハチマキの役目を帽子が果してくれる。これは頭のはげてない経験者にはわからないことで、そのうち年をとれば判るときがくる。人生のわびしさですね――。こんなことが『浮草』のテーマです」（『報知新聞』五九年八月六日／『語録集成』）と諧謔気味に語る小津。二人の愛人の間で我執や雑念を捨てきれない駒十郎に、老いの実感、人生のわびしさを見つけていく。

　かくありたい老いの理想が周吉なら、駒十郎（＝喜八）はかくある老い。老いの理想と実感との微妙なズレに対し、もう一つ別のキャラクターとして求めたのが「浮草物語」の喜八の再生だった。そこに素直な老いの自画像が投影される。小津は「東京暮色」の喜久子の性格や行動に、なつかしい喜八を見たのだろう。喜八（８）の続きに喜久（９）子があった。冒頭の「妻に逃げられた夫」云々は、小津個人ではなく、当初の野田の意図を汲んだ〝チーム小津〟としての発言ではなかったか。

　話に大きな違いはないけれど、じっさい「浮草」は「浮草物語」よりも老いと歳月が強調される。一座が町を訪れるのが「浮草物語」が四年ぶりなのに対し「浮草」は実に十二年ぶり。お芳の家に向かう駒十郎の姿を見かけたおばさんたちが「あれが今度の役者かね？」「大分爺ィさまやねえ」とささやく。間に手紙や送金はあるものの、息子・清は九歳の坊やが二十一歳の郵便局員だ。歳月の変化は激しい。

「浮草物語」にも喜八と〝かあやん〟（お芳に当たる・飯田蝶子）の間で「お互に年取るのも無理ねえなあ」と会話字幕にあるが、演じた坂本武は撮影当時三十五歳、飯田三十七歳、息子役の三井弘次[*3]は二十四歳で、老いは親と子の関係性だけにとどまる。

　対して「浮草」の鴈治郎は五十七歳（脚本設定は五十八歳）で小津にも近い。駒十郎は、すみ子と加代を何度も引っぱたき〈小津の平手打ち〉を継承してもいた。

『週刊読売』五七年四月七日号のインタビュー（『語録集成』）で小津は「ぼくの男性のシンボルはね、君、まだ勇気リンリンたるものがあってね」と言い出す。酔っていたのだろうが「だからこれから先、いいのがいたら……といいたいんだが、どうやら独り暮しで終りそうだな。ぼくは主義としては多妻主義なんだが、どうも実行力に欠けるところがある。それでやむなく一妻主義をとろうと考えたこともある」と続けた。

『蓼科日記』によれば、この取材から三ヶ月後「大根役者」の構想に入り脚本が完成する七月から十一月までの間、小津の愛人・村上茂子は蓼科を五回訪れている。①七月十四〜十五日②八月二十六〜二十九日③九月十四日には「二泊させて頂き、よく飲みよく食べよく睡りこれでは嫁の貰ひ手なしと先生方より悪評を蒙る。（中略）いづれ近日又参上の予定　村上茂子」と本人の記述がある。④十一月八〜十日⑤脚本が完成した翌日十一月二十七日「片倉での完成祝ひ」「五時四十分ころ、桜むつ子さん村上さん来着」「村上さん、アコージョンをはなす暇なく」「文字どおり一夕の歓をつくす」（翌日帰京）。この村上をすみ子に、古い愛人・森栄をお芳に重ねるのは安易すぎるかもしれないが、駒十郎にはチョイ悪おやじの小津を見てしまう。

老いの実感は懐旧の思いも強める。小津にとって「浮草物語」を撮った三四年は、思い出の多い年だった。四月、父・寅之助が六十九歳で急逝。「父ありき」（四二）を語るとき、川釣りをする父と子が同じ竿さばきを繰り返すシーンがよく引用されるが、すでに「浮草物語」にある。そこに亡父への思いを込めていたとすれば、二十五年後の「浮草」でも（海釣りなので父子は同じ竿を流す動作をしないものの）あらためて父を偲び、歳月の流れを感じていたのかもしれない。

そして五月、父の納骨で高野山に行った帰り、京都で山中貞雄と飲み明かす。「明方の二時間程を、座蒲団を枕にうとうとと横になっていた山中が、むっくり起きると障子を開けた。外は五月の浅葱の空だった。／『しょむない、え、天気やなあ』そのまま台本を腰にはさむと顔も洗わずいそいそと『足軽出世譚』のロケーションに出かけて行った」と小津は回想する。[*4] この年の一月には上京した山中と湯河原で「秋刀魚の歌」を暗唱。九月三十日の上京時は「浮草物語」撮入中だったが、帰る十月三日までの間、毎日のように会い、友情を濃密に交している。

「浮草」に見られる山中への追想については第五章で触れた。[*5] 駒十郎が庭先の葉鶏頭をながめて「ええ花植えたな」と言うのは、三七年八月、小津の家に召集の報告に来た山中がつぶやいた言葉である。翌九月には小津も召集。二年におよぶ中国大陸での過酷な兵役体験は〈肯定的精神〉として、その後に大きな影を刻んでいく。

第八章で扱ったように笠智衆の〈周吉〉の原形は、除隊帰還後の第二作「父ありき」の父・周平にあった。男手ひとつで息子を育て、地味で一徹な人生を送り静かに死んでいく。父の姿が「出来ごころ」や「東京の宿」の喜八ではなくなっている。その変化を考えれば、喜八とは「小津の無声映画時代の代表的キャラクター」とする説明を「小津が戦争に行く前の、山中貞雄も元気だった時代の」とするべきか。

先が見えないなりに、やけに明るかった〈あの頃〉のなつかしい人だ。

小津は「僕は深川で育ったんだが、その頃家に出入りしてた者に、のんびりしたいい奴がいてね、それが大体喜八のモデルになってるんだ」（「自作を語る」『人と芸術』所収）と、喜八が幼少期の思い出につながることを語っている。深川の肥料問屋の家に生まれ、九歳のとき本家のある松坂に転居。駒十郎が帰る海沿いの町が、松坂に近い伊勢志摩だったことも加えれば、五十代半ばの小津の懐旧と郷愁の思いが、さらに明らかになってくる。中村伸郎や北龍二らが演じる中学の同級生が物語に関わり、オイ、オマエで思い出話をはじめるのは「彼岸花」（五八）からである。「浮草」の撮影も終盤を迎えた五九年九月末、伊勢湾台風が三重県に未曽有の被害をもたらす。小津は、中学の同級生に宛て見舞いの手紙を送り、次のように記した。

無常迅速。
もう一度中学生になり度いなあ
会ひ度い会ひ度い
もう一度中学生になり度いなあ[*6]

＊1　高橋治『絢爛たる影絵――小津安二郎』（文藝春秋）から引用。
＊2　小津はG・フィッツモーリス監督「煩悩」（二八）をヒントにしたと認めている。
＊3　三井は「浮草」にも、一座の金を持ち逃げする旅役者の役で出演している。
＊4　小津「雁来紅の記」『キネマ旬報』三九年九月十一日号掲載より引用。
＊5　加えるなら「東京の宿」で女のために喜八が盗みに走る姿は、山中の「河内山宗俊」（三六）のラストに影響を与えて

いないか。

＊6　私家版『小津安二郎君の手紙』五九年九月二十八日付の吉田与蔵宛より引用。

第二十三章　蓼科の憂鬱

小津と野田高梧が脚本作業をした蓼科の山荘周辺に行ったことがある。なるほど、美しい自然に囲まれ空気もさわやか。ちょっとうらやましくなる環境だ。笠智衆や佐田啓二も近くに別荘を構えている。しかし山荘執筆第一作「東京暮色」（一九五七）が不協和を生んだように、優雅な環境にありながら、作業そのものは厳しいものだったようだ。

「風の中の牝雞」（四八）まで脚本共作者の一人だった斎藤良輔は「蓼科へ行ってからは、苦悩って言ったら大袈裟だけど、仕事に対する悩みは身に滲みて辛かったらしいですよ。呑気に酒飲んでいるけど、もう鳥と同じで下ではこうやって（水をかいて）いるんだって。どうすればいいんだ、どういうものを作っていけばいいんだ、とね。でも世間には受けて、傑作だと言われる」と語っている。[*1] 野田の長女、山内玲子は「『麦秋』、『東京物語』、そこでやりたいことはやってしまったんでしょうね」[*2] と見ていた。

五四年三月、銀座並木座で「晩春」（四九）、「麦秋」（五一）、「東京物語」（五三）が連続上映されたとき、小津は同館プログラムに「どれも、みな、同じような作品だ。／今度は何か一つ、変ったものをやらないか、と、よく人から、云われる。／そんな時、いつも僕は、豆腐屋なんだから、精々、豆腐の他、焼豆腐か、飛竜頭〔がんもどき〕しか出来ないのだ、と、返事をする。／そう変ったものは、一人の僕からは、生れそうにもない。／今のところ、うまい飛竜頭を、拵えることだけで一杯だ。／変ったものなら、デパートの食堂に行けばある」と寄稿している。豆腐一筋を宣言し、フィールドを限ったから、生みの苦しみはさらにきつい。さしずめ「東京暮色」は陰画としてのオカラか。

作り続ける方策には、過去の作品の再生とアレンジがあった。老いの実感も懐旧を後押しした。五九年は、五月公開の「お早よう」と十一月公開の「浮草」と二作品を撮る。どちらも小津のサイレント期の代表作を引き継いでいる。「浮草」は「浮草物語」（三四）の再映画化であり「お早よう」は話自体は違うけれど、幼い兄弟が大人の社会に疑問を持つ点で「生れてはみたけれど」（三二）との類似がよく指摘される。

「お父ちゃんは僕たちに偉くなれ偉くなれと言ってる癖にちっとも偉くないんだね」「どういふ訳で太郎ちゃんのお父ちゃんにあんなに頭を下げるの？」「太郎ちゃんのお父ちゃんは重役だからだよ」「お父ちゃんだって重役になればいゝぢやないか」とハンガーストライキをする前作に対し「お早よう」の実（設楽幸嗣）と勇（島津雅彦）は、テレビを買っとくれよと父に反抗する。[*3]

小津は「一人息子」（三六）までトーキー映画を作らなかった。「あの頃（『浮草物語』）はトーキーが出現したばかりで、音とりばかりに気が払われ、肝心の撮影の方が従になってしまう当時のトーキーだったので、私はサイレントで撮ってしまった。しかしトーキーで自然に撮れたらどんなにいいかと思っていたのだ（『日刊スポーツ』五七年十二月二十日／『語録集成』）」と語っている。

日本における本格的トーキー映画第一作、五所平之助監督「マダムと女房」（三一）が楽器演奏、猫の鳴き声、目覚まし時計など、いろいろな〈音〉を強調していたように、「浮草」の、雨が激しい音を立てて降る中、駒十郎（二代目・中村鴈治郎）とすみ子（京マチ子）が言い合うシーンなど、たしかにトーキーならではの演出を見せている。

「お早よう」もそうだ。プヒッと自在におならをする、親に反抗して誰とも口をきかない、という子どものアクションは、どちらも〈音〉が関わってくる。「生れてはみたけれど」がトーキーなら使ったはずのアイデアだったかもしれない。

過去の作品という意味では「お茶漬の味」（五二）は、戦前に検閲問題でお蔵入りした脚本を「そのままにしておくのはもったいないので引き出して来た作品」だったが「あまり出来のいい作品ではなかったな」と認める（「自作を語る」『人と芸術』所収）。別の席では「あれは一年に一本の写真を拵えようというのではなくて、古いものを持ってきて一年を糊塗したという感じだね。何かそれは……」と言い「申訳ない話だ」と野田がつないでいる。[*4]

佐藤忠男は「浮草」を「シチュエーションの設定に時代錯誤な点が多く、巨匠老いたりの感を多くの人たちに抱かせた」[*5]と指摘する。長年の思いだけの再映画化なら、古くさいまま終るだけだ。そうでなくても小津には「古い」「マンネリ」の批評がつきまとった。

「お早よう」はそれなりの今日性を考え、五三年から放送を開始したテレビを題材に置いた。映画公開のひと月前、五九年四月十日の皇太子（平成天皇）御成婚を機に普及台数は飛躍的に増加する。まさに旬の時期。実や勇たちは近所の家に押しかけ、大相撲中継のテレビに夢中だ。「テレビ買っとくれよ」とダダをこねて騒ぐ。

小津自身のテレビ購入は早い。『小津日記』五五年七月二十三日に「ニホンビール　帰ってプロレステレビ　鮭茶漬　早寝」との記述がある。蓼科の山荘にはテレビがないらしく「お早よう」脚本作業中は『蓼科日記』五八年九月二十八日「高原ホテルへ大相撲千秋楽のテレビを見に出かける」とか十月二十一日「今日もまた高原ホテルに三人で出かけ日本シリーズ第七回目決勝戦を見る」と熱心だ。実と勇を重ねたくなる。子どもは小さな大人、大人は大きな子ども。アイデアの起点は、こんな蓼科の日常にあるかもしれない。

テレビが家庭に広がるのと反対に、映画の観客動員数は五八（昭和三三）年をピークに減少をはじめる。電気紙芝居と揶揄されながらテレビは映画界の脅威となる。「お早よう」でも父親の敬太郎（笠智衆）が「誰だったか、テレビなんてものは、一億総白痴化の因だなんて言ってますしね」とぼやく。すでに松竹の不振が明らかとなり「業績は昭和三十年まで業界第一位を占めていたが、その後収入が漸減し三二年度は三位に落ちた」[*6]。六一（昭和三六）年ごろには大手五社の最下位となる。

佐藤忠男は「お早よう」について「とくに日本では評価が低い。理由は、『生れてはみたけれど』がサラリーマンの上役に対する卑屈さ、という深刻な道徳的テーマを持った問題劇であったのにくらべて、これは、そうした問題をほとんど含まない、ただの滑稽な風俗スケッチにすぎないからであろう」[*5]と述べているが、当時の映画界から見れば、テレビに夢中になる子どもの姿は、大きな「問題」。「浮草」の客の入りがひどくなる芝居小屋にも、映画の斜陽化を重ねることができる。

とはいえ、一般観客にすれば確かに「風俗スケッチにすぎない」。戦後の小津作品は社会的問題意識の稀薄さもしばしば指摘されてきた。たとえば新藤謙は「東京物語」を例に「小津はここで、親と成長した息子や娘との生活と感情の背理をえがいている。しかしそれを生みだしている根源、それを余儀なくしている社会事情にたいするねばり強い追及をなしていない。親子の相剋を、歴史的具体性をもつシチュエーションのなかでとらえていない」[*7]と言う。

そうした批判への回答だろうか、「浮草」で一座が演じる芝居をめぐり、清（川口浩）が「けどよ、丸橋忠弥なんて全然社会性あらへんやないか」と言うと駒十郎は「社会性ッて何じゃィ」と語気を強める。「今の世の中との繋りや」「何ぬかしてけつかる！　丸橋忠弥は昔の人じゃィ」「チェッ、そやから伯父さんあかんのや。古いなァ……」「ヘッ、偉そうに！　何言うてけつかる。古うてもナ、結構ナ、あれでお客さん喜んでくれてはりますわィ」「お客さんさえ喜びゃええのか」「もうやめとけ。芝居の話、すな」と日頃の思いを吐き出している。不振が続く松竹にあって「彼岸花」（五八）は松竹の年間配収二位であり、翌年の「お早よう」も五位と、小津映画は興行面でも安定していた。[*8]

芸術性と商業性、両方からの期待を背負い〝豆腐屋〟の苦しみは、酒量を増やし、さらに体力を衰えさせたか。「酒もほどほどに呑むべし／仕事もほどほど　昼寝もほどほど　余生いくバくもなしと知るべし」。五九年の一月三日、五十五歳の『小津日記』である。余生という意識が生まれている。同様の記述は六一年一月三日の日記にも出てくるが、余生が余命に変っている。

私の学生時代、小津映画が好きと口にするのは、少しばかり勇気がいった。七〇年安保、連合赤軍事件などを経て、政治の季節は去り、私の世代は〝シラケ世代〟と呼ばれていたけれど、全共闘&映研出身っぽい年上の方と話したりすると、体制に組するプチブル（小市民）主義だと、小津映画は頭ごなしに否定された。黒澤明は家父長主義、成瀬巳喜男は敗北主義。映画の見方を強いる、ちょっと窮屈な時代でもあった。

「浮草」の次に撮った「秋日和」などは格好の批判対象だ。映画が公開された六〇年は、言うまでもなく日米安全保障条約をめぐり激しい闘争が繰り広げられた。その問題を正面から扱った松竹ヌーベルバーグの旗手・大島渚監督の「日本の夜と霧」が十月九日に公開されるも、十二日に社会党浅沼委員長刺殺事件が起こり、松竹は興行不振を理由にわずか四日で打ち切りにする。そんな状況で「秋日和」は撮影され、翌十一月十三日に同じ松竹系の劇場で公開、大ヒット。

未亡人の母と娘の再婚・結婚をめぐり、会社の役員や大学教授たちがあれこれ暢気に思案する。経済成長の進む大都市、東京。ここには安保のアの字も見当たらない。焼け跡など敗戦のアリバイを風景からぬぐい、変わらない古都を旅した「晩春」の姿勢にもつながる〝頑固な豆腐屋〟小津がいる。

プチブル呼ばわりには、開き直ってもよかった。松竹のドン・城戸四郎は「その当時の小市民、プチブルの世界をつとめて好意的に扱って行こうというのが、従来の松竹調の基本線であったが、小津はプチブルの人生をデスペレート（絶望的）ではないけれども、一概に明るくは見ないのだ。例の刻明さで人生の真実というものを小市民の中に発見して、それに取組んで行こうというのが小津の持ち味となったのだ」[*9]と語っている。大島の映画はそんな大船調の解体からはじまった。

静かな蓼科の山荘では、東京の混乱は遠く聞える雑音にすぎない。変ることが良いことか？マンネリ、古いが悪いのか？　小津は「永遠に通じるものこそ常に新しい」と信じ、人生の秋を深めるように「秋日和」（六〇）、「小早川家の秋」（六一）、「秋刀魚の味」（六二）の〈秋・三部作〉をもって生涯を終える。

ちなみに小津は日本映画監督協会理事長の立場で第一回監督協会新人賞を大島に贈賞している。

＊1　『小津安二郎映畫讀本　[東京]そして[家族]』（発行・松竹映像版権室、発売・フィルムアート社）掲載「斎藤良輔氏（脚本）に聞く」（聞き手・田中眞澄）より引用。
＊2　『考える人』二〇〇七年冬号（新潮社）より引用。
＊3　実と勇という名前は「東京物語」の東京・平山家の兄弟と同じである。
＊4　「『早春』快談」『シナリオ』五五年六月号より引用。
＊5　佐藤忠男『完本　小津安二郎の芸術』（朝日文庫）より引用。
＊6　田中純一郎『日本映画発達史Ⅳ』（中公文庫）より引用。
＊7　新藤兼「日本映画の発想――その非論理性」『キネマ旬報』五五年十二月下旬号より引用。
＊8　『映画年鑑』（時事通信社）六〇年版、六一年版の四月から翌年三月までの統計資料より。
＊9　城戸四郎『日本映画伝――映画製作者の記録』（文藝春秋新社）より引用。

第二十四章　小父さまたちの秋

小津映画体験において私が幸福だったのは一九七六年一月から約二ヶ月、国立近代美術館フィルムセンター（現・国立映画アーカイブ）で催された〈小津安二郎特集〉に連日通い「学生ロマンス・若き日」（二九）から遺作「秋刀魚の味」（六二）まで不完全版を含め三十四本を製作年順にスクリーンで見たことだ。それまでに見た何本かはどれも戦後の作品だったから、特にサイレント作品のモダンさに驚いた。「父ありき」（四二）上映では笠智衆が来場、席に着かれるまで拍手をおくった。

年代順で追っていくと、監督として力をつけ、磨かれていくさまがよく見える。作品それぞれの関係性もわかる。特に「東京物語」（五三）へと登りつめる「駆け足にも似た老成」の歩みには圧倒された。

極めれば、下りていく過程も見える。晩年に至る「秋日和」（六〇）、「小早川家の秋」（六一）、「秋刀魚の味」（六二）の〈秋・三部作〉は、すべて秋公開ということもあるが、内容もまさに人生の秋。老いを自覚した小津の余命意識が色づき、秋には秋の味わいがあった。

「秋日和」は「彼岸花」（五八）と同じく里見弴を原作者に仰ぎ、大筋を打合せしてから里見が小説を、小津と野田が脚本を書いた。

小津は五二年、松竹撮影所の監督室が全焼したのをきっかけに、千葉県野田から北鎌倉に転居。母と一緒に暮らし、終の棲家となる。敬愛する里見の家も近く、より交流を深めた。

里見の四男で「早春」（五六）以降の松竹作品のプロデューサーをつとめた山内静夫（一九二五〜二〇二一）は、この北鎌倉の時代を「小津先生にとって最も充実した十年間」とみなす。「その第一は、お母さんと二人だけの生活を、穏やかに送ったということであろう。（中略）第二は、鎌倉に於ける小津先生の新たな交遊である。当時鎌倉に住んでいた多くの作家、文人たちとの交流は、小津先生にとっても新しい世界であった筈だ。分野を問わず、一流人同士によって交わされる鎌倉の文化の香りに、映画監督小津安二郎の存在が、更に花を添えた」（山内静夫『松竹大船撮影所覚え書・小津安二郎監督との日々』かまくら春秋社）。

里見もまた「晩年における小津君と私との親しさは、私の生涯における数少い心友のうちのひとり、忘れることがあるまい」と書く（『人と芸術』より）。小津に影響を与えた人物として、里見はきわめて重要な存在だ。

六〇年二月十三日『小津日記』に「二時野田同道　里見先生の所に参上　ストーリー大略の打合せをする　晩めし　いたゞく　先生夫人　静夫同席　粕汁　〈秋日和〉〈秋七草〉など題名出る　話をしているうちに父と母とちがった〈晩春〉らしいストーリーになる」とある。

妻を亡くした周吉（笠智衆）が娘・紀子（原節子）を結婚させて独りになる「晩春」（四九）と

の類似という意識は当初からあった。「秋日和」は三輪秋子（原節子）とアヤ子（司葉子）母娘の再婚・結婚をめぐり、アヤ子はめでたく結婚するが、秋子は「あたしお父さん一人でたくさん」と「晩春」の周吉と同じ独りの生活を選ぶ。

結婚式が終わった夜、アヤ子の友人・百合子（岡田茉莉子）が秋子を訪ね「小母さま、あたし、これからちょいちょい来ていい？」「ええ、どうぞ……どうぞ来て頂戴。ほんとよ」と会話する場面は「晩春」の紀子の友人アヤ（月丘夢路）と周吉の場面のほとんど再現である。

原節子は娘・紀子から母・秋子の立場に移り〈人間生活の歴史の順序〉を繰り返す。〝三輪秋子〟という名前は「晩春」で周吉の再婚相手と目された未亡人（三宅邦子）と同じである。「秋日和」の秋子は「晩春」の紀子と秋子、二人のそれからを重ねている。

片親で育てたひとり娘を嫁がせ送り出す親の気持ちからいえば「秋日和」は「晩春」ほどの感慨はない。同性と異性、秋子とアヤ子なら世代をわたり嫁ぐ喜びを共にする関係だが、周吉と紀子の別離は違う。

「このままお父さんといたいの」と紀子が放つ〈女〉は、ほとんど妻である。「あたしが行っちゃったら、お父さんどうなさるの？」と、ワイシャツの汚れ、髭そり、机上の整理、ご飯炊きなど、日常のいちいちをあげ、切々と訴える。さらに戦争中は海軍で働かされ、買い出しの重い食料を背負い体をこわした。一緒に生き抜いた体験が父娘の絆をさらに強めている。これから強いられる孤独で不便な生活を覚悟で周吉は〈人間生活の歴史の順序〉をこんこんと説く。紀子は理性で受けとめざるをえない。結婚はあくまで父の意志に応えての決断。相手の佐竹熊太郎なる男は、いっさい介在せず、だから画面にも出てこない。

対して「秋日和」のアヤ子は「あたしまだお嫁にいきたくないの」「ほんとに好きな人でも出来たら別よ。春は永い方がいいもの」と、紀子ほどに背負うものがない。結婚後の秋子の孤独やダメージも、世話女房に去られたに近い周吉に比べれば。相手の後藤（佐田啓二）との交際もきちんと描かれる。だから花嫁姿も万感迫るいきおいに乏しい。

「お父さんはもう五十六だ。お父さんの人生はもう終りに近いんだよ」と言った周吉に対し、何より秋子はまだ若い。小津自身を投影する役割が秋子にはない。年齢設定は四十五歳。演じる原は当時四十歳である。服装学院の教室で刺繡を指導する和服姿の堂々とした歩き。身だしなみも爪の先まで決めている。とんかつ屋でコップに残ったビールをすっと飲みほす姿は、とても艶やか。現役ばりばりの美魔女だ。

「晩春」に似た話の展開をとりつつ、小津が注力したのは母娘より小父さま三人組である。亡夫の中学同級生、間宮（佐分利信・年齢設定五十四歳）、田口（中村伸郎・五十四歳）、平山（北龍二・五十三歳）である。彼らには、薬屋のあこがれの看板娘だった秋子を三輪にさらわれた学生時代の思い出があった。［その青春を「若き日」（三〇）、「落第はしたけれど」（三〇）、「青春の夢いまいづこ」（三二）などギャグ横溢の学生たちと重ねてイメージできるのもフィルムセンターの特集上映に通う楽しさの一つだった。］

小父さまたちは、娘のアヤ子に〈わが青春のアイドル〉たる若き日の秋子を見ている。法事の後の料亭では、どんな男が好きかとアヤ子にたずね「たとえば僕みたいなのはどお?」などと言いあい「小父さまも好き」の答えを誘導して子どもみたいに喜ぶ。母娘が帰った後は「綺麗だな、やっぱり……」と母娘の品定めをはじめる。「おれもどっち取るかって言やァ、やっぱりおふくろの方だな。ありゃァいいよ」「ここんとこまた違った色気が出て来たじゃないか」と会話が弾む。エッチな小父さまたちだ。そしてアヤ子の縁談に関わるばかりか「まずおッ母さんを結婚させるんだよ」「二人一緒に片付けるんだ」となり、妻と死別した平山をけしかけ、本人もまんざらでもない（平山は大学教授だから〝三輪秋子〟と教授のカップリングは「晩春」と同じになる）。そんな出しゃばりが母娘の間に誤解を生み、そこに百合子も加わってひと騒動となる展開は、若いころ、エルンスト・ルビッチ監督の作品はじめアメリカ映画に熱中した小津らしさがうかがえる。

すでに「彼岸花」（五八）でも「男の方が強いと女の児が生れる」などと話して、料亭の女将（高橋とよ）をからかう場面があるが、この会話も同じメンバーだ。その中心に佐分利信がいる。島津保次郎監督「婚約三羽烏」（三七）、吉村公三郎監督「暖流」（三九）、など武骨で不器用ながらも人間味を感じさせる役どころでスターとなり、後年は重厚な役を専門にした。小津も「戸田家の兄妹」（四一）、「お茶漬の味」（五二）などで、そのキャラクターを生かしてきた。自身に近いイメージでもあった。「彼岸花」と「秋日和」では、それを巧まざるユーモアに結びつけている。

佐分利が演じる間宮の小父さまが誘うのは、秋子も、アヤ子も、うなぎ屋である。ヒマな会社の常務なのか、昼間からビールを飲む。うなぎで精をつけてどうするのか。喫茶店で「あたしは小父さま、好きってことと結婚ってことを別に考えたいと思ってるんです」とアヤ子が言うと

「つまり浮気は構わないってことかい」と都合よく解釈して「そんな不真面目な考えじゃありません」と一蹴される。

枯れた笠に対して佐分利は脂ぎっている。いわゆるムッツリ系である。「世の中なんて、みんなが寄ってたかって複雑にしてるんだな、案外簡単なものなのにさ」と言うが、まるで「男と女にゃアレしかないよ」と言いたげに私には聞える。じっさい佐分利が五所平之助監督（芸名の名づけ親）の「わが愛」（六〇）と「猟銃」（六一）で手をつけてしまう相手は「彼岸花」の二人の娘、有馬稲子と山本富士子だった。

「東京物語」の周吉をはじめ、笠智衆のキャラクターを生かした一徹で生真面目な老人の姿が重なり、小津にも、ワビサビだらけのスタイリッシュな人生の達人的なイメージがある。だがそれは一面的と言うべきだ。老いても煩悩断ちがたく、小津のリビドーも枯れきれないでいる。

五七年四月の『週刊読売』の取材（『語録集成』）で「ぼくの男性のシンボルはね、君、まだ勇気リンリンたるものがあってね」と酔い言した小津は「秋日和」当時五十六歳。村上茂子との関係は続いており、脚本構想中の六〇年三月十六日から十八日、執筆に入ってからは四月二十日から二十二日、五月十八日から二十日と、村上はいつも二泊三日で蓼科を訪れている。

村上は一九一四（大正三）年生れ。興味ぶかいことに「秋日和」の秋子の年齢設定四十五歳は当時の村上と同じである。これを結びつけると、どう解釈できるか。「このまま独りを続けておくれ」なのか「どこかいい人がいたら再婚すれば？」なのか。いずれにしても現状維持。村上がヒントになったと思われる「東京物語」の紀子のセリフにある「ずるい」感じを小津にちょっと抱いてしまう。

村上は戦争未亡人だったが「秋日和」は夫の七周忌で始まるから、秋子には「戦争」の二文字はつかない。冒頭に二年前に竣工したばかりの東京タワーが出てくるように、飛躍的な経済成長を続ける時代は「もはや戦後ではない」。戦後の終りのはじまり、大林宣彦監督の言葉を借りれば日本は〈平和難民〉の豊かさを知っていく。

「晩春」で紀子と服部（宇佐美淳）が自転車を走らせる道にコカ・コーラの看板があり、英語表記の標識とともに占領日本を感じさせていた。「秋日和」のコカ・コーラはゴルフ場のクラブハウスにずらっと並び、小津好みの赤が強調される。秋子たちが住むアパートも「東京物語」での紀子のアパートの質素さと比べれば、ずいぶんの差だ。

こうした生活様式や風俗は、小津にすれば空中楼閣のような淡いものに映っていたのかもしれない。関心は、みずからの老いの日常を見つめることに集中していく。

田中眞澄は『小津安二郎周游』（文藝春秋）で「五十代半ばの彼が日記に疲労を記すことが増えて来た」と『小津日記』から引きだしている。「秋日和」撮影四日目の七月十五日「大変くたびれる」、撮影終盤の十月十日「草疲れる　スタミナはもう何もない」、同じ十七日「疲労甚しく　仕事ももうどうでもよくなる」、同二十日「スタミナ　全く喪失」、同二十四日「大変草疲れる」、同二十七日「もうどうにもスタミナはない」、クランクアップの十一月一日「帰宅　入浴　晩酌くたびれる」と、気力体力の衰えが著しい。

そして次作「小早川家の秋」で老人は、ふっと死んでしまう。

第二十五章　老いの残り火

半世紀近く前の一九七七年十月のこと、京橋のフィルムセンター（現・国立映画アーカイブ）に行くと、四階エレベーター前のソファに座る人物に、あれ?と思った。ヴィム・ヴェンダースだった。同じ時期に新橋のヤクルトホールで〈西ドイツ新作映画祭〉が開催され、二日ほど前に「アメリカの友人」（七七）上映で舞台挨拶する彼を見たばかりだった。当時三十二歳。試写室で小津の作品を見るための来館と後で知った。西ドイツの若い映画監督と小津との組み合せ……〝世界のＯＺＵ〟をはじめてじかに確認できた日である。

そのヴェンダースは「東京画」（八五）で「小津の映画は常に最小限の方法をもって同じような人々の同じ物語を同じ街東京を舞台に物語る」（松浦寿輝・石崎泉の字幕より）と言う。ただし戦後の作品で「浮草」（五九）と「小早川家の秋」（六一）には、この東京が出てこない。共に主役は上方歌舞伎を代表した二代目・中村鴈治郎（一九〇二〜八三）。〇三年生れの小津と一歳ちがい。歌舞伎役者ならではの色と艶がある。

宝塚映画で撮った「小早川家の秋」では、伏見の造り酒屋のご隠居の万兵衛を演じた。笠智衆が漂わせる老いと趣が異なり、死を意識しつつも、雑念や我欲、生へのこだわりを捨てない。東京を離れた舞台で小津は、鴈治郎という肉体を通して実感により近い等身大の自画像を描こうとしたと私には思える。小津の「津」の字をタテに割り、右の「聿」を「早」、左のサンズイを「川」とみなせば、小・早・川となるし。

六十五歳の万兵衛は、久夫（小林桂樹）と文子（新珠三千代）夫婦に商売を任せ、ご隠居ぐらし。競輪の帰りに昔の愛人・佐々木つね（浪花千栄子）と十九年ぶりに再会し、それからは京都でつねが営む旅館に足しげく通う。つねの娘・百合子（団令子）は万兵衛をお父ちゃんと呼んで甘えるが、実の子かはわからない。ある夜、万兵衛は心筋梗塞の発作を起こす。幸いに「アア、よウ寝たわ」と回復するも、さっそくつねのところに出かけ、そこで倒れて死ぬ。「アアもうこれでしまいか、もうしまいかって、二度ほどお言いやしてなァ……——ほんまにあっというまで……。儚いもんどすなァ……」。家も大手の酒蔵に吸収合併される運命にあった。

この映画で原節子は死んだ長男の嫁・秋子、司葉子は万兵衛の末娘・紀子として登場。[*1]「秋日和」（六〇）と同じく縁談話が出てくるが、明らかに小津の主眼は、老いて盛んな万兵衛という男の死にある。

体力は衰えながらもリビドーを燻らせ続ける老人の姿を独特のスタイルで描き出した谷崎潤一郎は、小津も好きな作家だった。

『小津日記』から拾い出すと五四年十一月一日「夜半〈蓼喰ふ虫〉をよむ」、同年十一月四日「谷崎氏卍をよむ　再読」、あるいは五九年五月四日「谷崎全集などよむ」、翌五日「谷崎全集よむ」、十一日「谷崎全集などよむ」、十二月二十日「潤一郎全集三十をよむ」、六〇年一月六日「就床谷崎全集など読む」とある。全集まで購入していたようだ。「小早川家の秋」構想のため蓼科入りした六一年二月二十日にも「谷崎饒舌録再読」とある。

野田高梧も読んでいる。六十一年二月十三日『蓼科日記』に「富沢さんにハガキにて『蓼食《ママ》う虫』の送附を頼み」、十八日「仕事、あまり進まず」の後に「『蓼食《ママ》う虫』をよみつゞける」と出て来る。タイトルは決めたものの、なかなか考えが進まないときに谷崎の『蓼喰う虫』を参考にしようとしたのか。仲が冷え切った大阪の夫婦を中心に、京都に若い愛人がいる妻の父などが出てくる話である。

「浮草」のときはどうか。撮影準備中の五九年七月二日、蓼科の雲呼荘に「谷崎先生より来信」と『小津日記』にある。志賀直哉を通じて面識があったのかもしれない。

「谷崎は、文壇の方々との交際範囲は限られていて、むしろ、一中、一高時代からの畠違いの友人とのゆきゝの方が多く、それも決して広めようとはしなかった。然し志賀さんには、折があればすゝんでお目にかゝりにお訪ねし、私も必ず誘ってくれた」と谷崎夫人の松子の証言[*2]がある。

七月二十一日「大映本社に行き〈鍵〉を見る」。同年五月に公開された谷崎原作の「鍵」（市川崑監督）は、宮川一夫（撮影）、伊藤幸夫（照明）、田中省三（色彩技術）、下河原友雄（美術）、原島徳次郎（装置）、中村倍也（助監督）など、これから撮影に入る「浮草」とスタッフが共通している。はじめての大映、スタッフも下河原以外は初仕事だったため、参考試写をしたのだろう。そして「浮草」の鴈治郎と京マチ子が「鍵」では性に惑溺する夫婦を演じていたことに注目しておきたい。

「僕ハ今年五十六歳（彼女ハ四十五ニナッタ筈ダ）ダカラマダソンナニ衰エル年デハナイノダガ、ドウ云ウ訳カ僕ハアノヿ《コト》ニハ疲レ易クナッテイル」[*3]と「鍵」の主人公は告白する。偶然にも、小津はこの年の十二月に五十六歳、愛人関係にあった村上茂子は四十五歳である。

「小早川家の秋」に戻る。万兵衛と同じく谷崎も六〇年十月中旬、心筋梗塞に襲われている。「ノーベル文学賞候補に谷崎氏も」と新聞各紙が報じて話題になっていたころである。十月三十一日から東大内科に四十日あまり入院、年末まで療養生活を送る。万兵衛の死は「戸田家の兄妹」（四一）や「父ありき」（四二）の父の死に方の流れにあり、そもそもは三四年四月の小津の父・寅之助の狭心症での急死に源を求められるが、脚本執筆の時期を考えれば、谷崎の発病もヒントの一つになったのではないか。

脚本がなかなか進まず、小津と野田が生みの苦しみを味わっている最中の六一年三月一日、山荘の管理人をつとめた両角利市が肝臓がんで死去する。第五章で触れたように「秋刀魚の味」（六二）の坂本（加東大介）のモデルと目される好人物。四日の葬儀にも参列し「小津君、酔余、昭雄〔利市の子〕に訓戒し、昭雄ポロ〳〵泣く。昭雄十三才、中学の一年、少年の涙はいじらしきものなり」と三月五日の『蓼科日記』は記している。

「仕事　ラスト決まりいささか愁眉ひらく」（『小津日記』）、「仕事、急に進展し、ラストの三四場面の構想まとまり、途中の案も稍々固まる。十一時就床。明日から朝夕の酒を減らそうと小津君より提案あり。正に生気発動ともいうべきか。まことに啓蟄先勝の日なり」（『蓼科日記』）と二人が記すのは葬儀の翌々日三月六日のことである。

創作の苦しみは、親しい人の死が出口を作り、ラストの葬儀の風景へとつないでいる。しかも両角は〇九年生れで山中貞雄と同い年。戦病死した山中に対し、戦争から無事帰還した男の死。これも一つの〈戦後の終り〉であろう。死がさらに近くにとらえられてくる。小早川家の庭でも、山中の愛でた葉鶏頭が赤く映し出されている。

第六章末でも触れたが、映画のラストについては多くの言及があり、当時の『毎日新聞』の草壁久四郎の批評も「いささかたいくつ気味なこのドラマが、この最後の場面でふしぎなエネルギーを発散してくる」「東洋的な無常感を象徴して鬼気迫るものがある。作者はむしろこの最後のシーンのためにこの映画を作ったのではないかとさえ思われる」(六一年十一月二日夕刊)と書いている。『朝日新聞』の津村秀夫による「映画時評」は「作品全体にみなぎる気力においても、いくぶんの衰えが感じられるのはどうしたことか。やや道楽趣味も出ている」で評を結び、「気力に衰えみせる」の見出しが大きい(六一年十一月九日朝刊)。

ちなみに万兵衛は伏見の酒「月の桂」の主人がモデルという。五四年十一月「里見弴、野田高梧、小津安二郎の三人が伊勢・志摩・大阪・京都と五泊六日の旅をしたとき、里見氏の知り合いで、案内役を買った十二代目・増田徳兵衛(本名・信一)氏の、大店の旦那らしく、物知りで、しかもどこか飄々としたイメージがヒントになった」[*4]。撮影にも協力している(小林桂樹が「月の桂」の紺前掛けをしている)。ただし「十二代目氏は女偏のほうは比較的堅い人物だった」とのこと。

〝女偏〟なら里見弴である。若き日の里見は、高等遊民として放蕩の日々を送り、私生活私体験がそっくり小説になった。家族の反対を押し切って芸妓置屋の娘と結婚する『妻を買う経験』、兄・有島武郎の心中事件をからめた自伝的小説『安城家の兄弟』などなど。また、赤坂の芸者を愛人に囲って番町に家を持ち、妻子の住む逗子と二重生活を送った。いわば、その道の達人でもあった。

そんな里見と小津が脚本を書いた『青春放課後』というTVドラマがある（NHK・六三年三月二十一日放送）[*5]。京都の旅館の娘・佐々木千鶴（小林千登勢）が上京し、亡父の学生時代の仲間で、小父様と呼ぶ山口（宮口精二）と緒方（北龍二）の家に泊り、帰っていくまでの「彼岸花」（五八）と「秋日和」をミックスしたような話だ。

千鶴の亡父と山口と緒方は、祇園の舞妓だった千鶴の母・せい（西口紀代子）をめぐり恋のさや当てをした関係。「おせいさんもその頃は、色っぽくて、綺麗でね、浮気でね」と、「小早川家の秋」の百合子と同じように、千鶴も本当の父が誰かわからない。「うちのお父さん誰ですの？」と山口と緒方に問いかけるが、やはり死んだ父の子にしておこう「そうしとかんと、ややこしうなる、小父様たら、家庭不和や……」と言う。緒方は「千鶴ちゃん、なかなか話せるね、いい子だよ」と言う。千鶴は京都に帰っていく。山口は「ああ……とてもいい子だ……お前の子にしちゃ出来すぎだよ」と言い、緒方は「いや、俺はお前の子にしちゃ出来すぎだと思ってるんだ」と返す。三人の男がからむ認知問題が、日常会話の中で収束される。大らかというかアナーキーというか、この境地にはとてもとても。

数年前に出版された、ある随筆本に、イニシャルをOとしながら明らかに小津とわかる監督の隠し子が松竹の助監督にいた、という話があった。社内の人間はみな知っていたとのことで、当時製作現場にいたOBの方に話を切り出してみたら、言下に否定された。誰のツテかわからず入社した人を「会長さんか小津さんの隠し子だろ」と無責任にうわさすることがよくあった、という。真相そのものはわからないが、小津の艶聞は珍しくなかった、ということか。

じっさい小津は村上茂子と離れ、六三年二月二十日「深夜賀世から電話かゝる」、六三年二月二十三日「賀世くる」、翌二十四日「賀世とは熱海駅で別れる」と『小津日記』に出てくる銀座のホステスを最後の愛人にしている。小津は枯れてなんかいない。

六一年三月十八日『小津日記』に「MEMO／カンヌロイター共同　十三日　パプ《(ブ)》ロピカソ〈七九〉は　そのモデル　ジャクリーヌロック嬢〈三八〉と結婚の由也　おどろく可し」とある。これが「秋刀魚の味」で五十七歳の堀江（北龍二）が二十八歳のタマ子（環三千世）と再婚する話に生かされるわけだが、小父さまたちは、それをサカナに精力剤の話をしたり、若妻のせいで堀江が急死したと料亭の女将をかついだりする。

こういった小父さまに、笠智衆が演じる平山まで加わっている。そして平山は、死んだ妻に似た女（岸田今日子）のいるバーに通いはじめる。妻似を理由に、平山も倫理的に色めく。「晩春」の周吉のような無理をせず、色も欲もほどほど。実感をまじえて小津の描く老いは、固さがとれ、ごく平準な境地に〈人間生活の歴史の順序〉を見つめていった。

＊1　「秋日和」ではアヤ子と結婚する後藤の実家は「伏見よ、酒屋さん、醸造家」と語られる。
＊2　谷崎松子『蘆辺の夢』（中央公論社）所収「志賀さんの思い出」より引用。
＊3　谷崎潤一郎『鍵・瘋癲老人日記』（新潮文庫）所収より引用。
＊4　宮腰太郎取材・文『月の桂　株式会社増田徳兵衛商店』（日本名門酒会文庫）より引用。
ただし『小津日記』には「夜　増田恵一氏くる」と息子の十三代目の名前しか出てこない。
＊5　里見の三男がＮＨＫのプロデューサーだった。六五年、この脚本を原作に「暖春」の題で中村登監督により松竹で映画化された。
●『青春放課後』のセリフは『キネマ旬報』臨時増刊九四年七月七日号〈小津と語る〉掲載の脚本より引用。

最終章　それぞれの戦争

「秋刀魚の味」（一九六二）のラスト、酔って帰った周平（笠智衆）は「軍艦マーチ」を口ずさみ「ひとりぼっちか」とつぶやく。ひとりぼっちは、娘の不在によるだけでなく、戦争で生き残った者の孤独をも意味している。そして小津は、戦争で死んだ多くの親しい人たち、とりわけ山中貞雄への思いを、この遺作に至るまで消し去ることはなかった。

山中に召集令状が来たのは「人情紙風船」が公開された三七年八月二十五日のこと。以下、関係者が見た山中の出征――。

小津と山中を結びつけた岸松雄は「試写を終って、撮影所の芝生で雑談していると、赤紙が来た。日支事変が始まって以来、彼が内心おそれていた召集令がとどけられたのである。山中はマッチをすって口にくわえた煙草に火をつけようとする。だが、手が震えて、点かない」[*1]。

「鳴滝組」のメンバー、脚本家の八尋不二は「伏見の連隊に入営するために、帰って来る山中を我々京都の友人たちは京都駅に出迎えた。／肩から赤い応召のたすきを掛けた山中を、僕は抱えるように寄添って、陸橋を渡り、出口へ向った。言うべき言葉もなく、曖昧に、どや、と言った僕に、山中は、／『もうあかんわ』／と答えた。見るも無残に山中は参っていた。他の者なら『御国の為に』とか『立派に闘って来ます』とか、一応、虚勢を張ったりする場合だが、山中にはそれが出来なかった。歓送会の席上でも、山中は弱り切った顔をしていた[*2]」。

山中の育ての親の一人、嵐寛寿郎は「京都の桜屋という東山の旅館で壮行会がありまして、もちろん顔を出しました。山中泣きよりました。階段から転げ落ちるほど酔うて、『オレ、戦争に行ってどないするんや、要領悪いさかいすぐ死ぬわ』とゆうて泣きよった[*3]」。

平安神宮で見送った伊丹万作は「それから神官の行事があった。つづいて君が代の斉唱バンザイの三唱など型通り行われたが、その間、出征軍人山中貞雄は不動の姿勢で颯爽――、と云う字を張り込みたい処だが、そう云う無理をすると此の一文が嘘になる。どう見てもあれは颯爽と云う柄では無い。鐘であったら正に寂滅為楽と響きそうな恰好で立っていた[*4]」。

兵士たるべき姿にはほど遠い。正直だった。幼な子のようにおびえ、泣いた。一方、山中から十五日後に応召された小津は、対照的な印象を見送りに残す。野田高梧は「大船撮影所での壮行会のあと、大船駅から僕も一緒に東京へ出たのだが、駅のホームは見送りの人で一ぱいになり、電車が動いてからも小津君は暫く窓から手を振って答えていたが、やがて顔をひッこめて席に着くと、／『こりゃどうも少し廻しすぎちゃったな』／と苦笑した」（野田高梧「交遊四十年」『人と仕事』所収）。

岸松雄は「だが小津は山中と違い、日の丸の小旗を手にして、勇ましい足どりで九段の近衛連隊にはいり、やがて大陸へ渡った」（岸松雄「小津安二郎と山中貞雄と私」『人と仕事』所収）。

「少し廻しすぎちゃったな」と映画撮影のように自分を対象化している。本心をのぞかせない。泰然自若と出征していく姿は、帰還後に書いた脚本「お茶漬の味」の主人公に通じるものがある。

小津は中学の旧友に宛て「中国行／一、出発前夜　昭和十二年九月彼岸の頃／一寸戦争に行ってきます」[*5]と書いたが、帰還は〝一寸〟どころか、およそ二年後。その間に山中は二十八歳で戦病死する。

四一年九月、山中の死から三年後の命日、京都の大雄寺に山中貞雄之碑が建立された。キネマ旬報社長・田中三郎の撰文を揮毫したのは小津である。私がこの碑を見たのは九五年の九月、山中忌（第十二回）に初参加した時だ。寺の入口からすぐ左手にある碑は、思いのほか大きかった。刻まれた碑文の一文字一文字に小津の思いがこもる。戦地でも映画を思い続けた山中を愛おしむ。

山中貞雄之碑

山中貞雄死を聖戦の大義に奉り忠魂永へに靖国の社に招かる。山中貞雄生を芸能の大道に致し鬼雄千載映画の史乗に耀かん。

君ハ明治四十二年十一月七日京都市五條本町に喜左衛門氏五男として生る。学業を京都一商に卒へるや性来信愛措かざりし映画の道に志を得べくマキノ撮影所に入り脚色及び監督助手の任に精励す。後、寛寿郎映画に転じ始めて宿志を延べ監督として処女作「抱寝の長脇差」を作り才幹の凡ならざるを示す。二十三歳の秋なり。爾後作品を重ぬる毎に天稟愈々冴へ鏤刻益々凝って克く時代劇映画の芸域を伸展し請ハれて日活京都撮影所に移るや「盤嶽の一生」「国定忠治」「街の入墨者」「河内山宗俊」等幾多の名作を世に問ふ、その匠意の逞しさ、格致の美しさ、洵に本邦芸能文化史上の亀鑑として朽ちざるべし。昭和十二年春東宝東京撮影所に迎へられ、気を負ふて「人情紙風船」の作を成すや幾千もなくして日支事変勃発し、名誉ある公務に応じ陸軍歩兵伍長として出征、支那各地に転戦すること一歳余り遂に徐州の野に陣歿、曹長に進級す、享年三十歳、昭和十三年九月十七日なり。君生得一途映画道に精進し、映画の中に師弟知友を視、愛すべき特偉の風格掬すべき純撲の性情、傾けて之れ盡く映画に親昵したり。茲に友人有志相寄りてその至情に酬ひ、興亜聖業の礎石たる君が勲功を顕彰し、その菩提を弔ひ訪る者に然く語るなり。

皇紀二千六百年建立

小津は「山中ほどの仕事をしてもそれが僅か六百字内外に詰めて語られてしまうかとおもうと淋しいな」[*6]とも言ったという。

颯爽と出征した小津の姿は、映画監督・田坂具隆（一九〇二～七四）の運命にも影響を与えた。三八年九月三十日『読売新聞』夕刊に「〝五人の斥候兵〟因縁話」「営門に消ゆる小津の姿が製作の動機に」という記事がある。

「小津監督の壮行会が華々しく行われた翌日、小津監督の所属する連隊の門前で日の丸の小旗が波と打振られる中に兵営深く消え行く小津の後姿を見た田坂は『自分も、当然彼の後から征く筈だ、映画監督として、せめて一本、この気持を軍事映画にうつしたい』と心に堅く誓ったのである」。そして三七年八月十三日の同紙朝刊「前線奇譚〝戦死者〟武勲の生還」の記事を材に「五人の斥候兵」(三八)を撮る。敵陣偵察の命を受けた斥候兵が任務を達成し帰隊するまでを描き『キネマ旬報』ベスト・テン一位、ヴェネツィア映画祭では大衆文化大臣賞を受賞。この成功で田坂は「土と兵隊」(三九)、「海軍」(四三)など戦時映画の一翼を担う。

その田坂も四十三歳で召集され、本籍地の広島の部隊に入営する。

第二部隊第八中隊の一等兵である。八月六日朝、彼が便所にはいっているとき、原爆が投下された。建物のなかにいたため光線はあびなかったが、便所の屋根とともに吹きとばされ、月末には全身皮下出血で危篤におちいったという。それから四六年四月まで、彼は妻(女優の瀧花久子)の手厚い看護をうけながら入院生活を送った。(滋野辰彦「土と花・田坂具隆の芸術」東京国立近代美術館『フィルムセンター52　田坂具隆監督特集』)

長い闘病生活を経て四九年「どぶろくの辰」で監督復帰。五二年公開の「長崎の歌は忘れじ」は、被爆で失明した女性(京マチ子)などの日本人と元・米兵との友情と和解を音楽にからめて描いた。その意図を田坂は「戦争に協力した者の一人として、世界にその罪をわび、その苦しみを受けた身としての反省と生き方を考える」[*7]と、まるで自身の被爆を因果応報のようにとらえている。その後は「女中ッ子」(五五)、「ちいさこべ」(六二)、「五番町夕霧楼」(六三)[*8]など、名もなき人の暮しの機微や哀感を丁寧に描く一方で「親鸞(正・続)」(六〇)、「鮫」(六四)と宗教による救いを求める題材にこだわりを見せた。

「さて、多くの人が、今度の戦争でだまされていたという。みながみな口を揃えてだまされていたという。私の知つている範囲ではおれがだましたのだといつた人間はまだ一人もいない」……伊丹万作「戦争責任者の問題」のよく知られた一節である。だましたにしろ、だまされたにしろ、死者は語らない。戦争責任は、田坂をはじめ、生き残った者が問い続けるべき問題だ。[*9]

小津はどう考えていたのだろう。戦地の小津は、著名文化人であり、同じく従軍した佐野周二と一緒の写真などが報道された。毒ガス部隊に所属、勇ましい従軍談もある。帰還後に撮った「戸田家の兄妹」(四一)では大陸の夢、「父ありき」(四二)では徴兵検査と、国策に沿った要素を織り込んでもいる。

「先日来、小津君首の右側に腫物の如きもの出来、レダギンを連用、今日は幾分よろしき模様なるも、少々寒気がするという」……NHKで『青春放課後』が放送された六三年三月二十一日の『蓼科日記』である。頸部悪性腫瘍だった。国立がんセンターに入院。「患部切開――コバルト照射――そのあと右肩が痛みだして、あれほど我慢強かった小津君がその痛さに堪えかねて輾転反側するほどの苦しみようだった」(野田高梧「交遊四十年」『人と仕事』所収)。「小早川家の秋」(六一)に現れた死の予兆は、現実のものとなる。

十月、東京医科歯科大附属病院に入院。「『何も悪いコトをした覚えはないのに、どうしてこんな業病にかかったんだろうな』。天井を向いたまま、おやじさんが言った」(佐田啓二「看護日誌」『人と仕事』所収)。十二月十二日、十二時四十分死去。還暦の誕生日でもあった。「ふだんの雑談に、死ぬ時は脳溢血か何かで、苦しまないでコロッと死にたいなと冗談を言っていた小津君が、どうしてあんなに苦しみつづけなければならなかったのか」（野田、前掲文）。

この悪性腫瘍を、毒ガス部隊での活動に原因をおく見方がある。因果関係は解明できないものの、地獄のような苦しみに、毒ガスの報いという推測が小津自身によぎらなかっただろうか。

小津は、戦争に行き、敵と闘い、友を失い、そして生き残った。帰還後には「何んというか戦争に行って来て結局肯定的精神とでもいったものを持つようになった。そこに存在するものは、それはそれでよしッ！と腹の底で号《さけ》びたい気持だな[*10]」と変化を語っている。かくも乱れ汚れた世界でも平常に生きぬくすべとしての肯定的精神が、〈終った人〉の立場から世界を見る「晩春」（四九）以降の小津映画の支柱となる。しかし小津は戦争について多くを語ろうとはしない。「秋刀魚の味」の周平などは「けど敗けてよかったじゃないか」と言うだけだ。

小津の撮影スタイルについて佐分利信は「現場では、朝から晩までキャメラの前にすわっている。何かいうことがあっても、レンズを覗いてからでないといわなかった。ファインダーを外した、つまり肉眼では俳優の演技に何かいうことは絶対になかった」（佐分利信「無題」『人と仕事』所収）と語っている。

ファインダーを覗きフレームで切り取る世界、小津にとってそれは現実の続きではない。〈人間生活の歴史の順序〉に沿って秩序づけられ整えられた自分だけの世界だ。そして厳しく映画を律していく姿勢には、映画の夢が途絶されて散った山中の無念が静かに寄り添ってはいないか。決して人には見せない、無垢で純粋で傷つきやすいもう一人の自分……山中貞雄は小津の〝バラのつぼみ〟だったのかもしれない。

山中の墓には『陸軍歩兵曹長　勲七等　山中貞雄』と刻まれ、右に『日本映畫監督』が小さめに併記されている。九五年九月の山中忌でお会いした兄の清弘さん（当時八十九歳）に「大陸から還ってきた遺骨は、どんな状態だったんですか」とたずねると「空っぽ……何にもナシ」と言われた。国家に遺骨を送る配慮などなかった。無理やり戦地へと送り出し、死ねばこの扱いだ。墓に山中の骨はない。[*11]

小津の墓は北鎌倉の円覚寺にある。六四年三月二十日建立、縦五六五ミリ、横五三五ミリ、奥行き五二〇ミリの、ほぼ立方体の石に、大きく「無」の文字が刻まれている。揮毫は円覚寺の住職、朝比奈宗源老師。三八年夏、従軍中の小津が、南京の寺の住職に「無」と揮毫してもらったことがあり、その由で親族たちが決めたという。遺志ではなかったが、結果的に「無」は〈不在〉と結びつき、小津を語るキイワードの一つになっていく。

還暦の誕生日に逝ったという、ふさわしい偶然が、苦悶の果ての実際の死を美しい神話に変えた。それこそ〈泥中の蓮〉のたとえだ。小津らしい、最後の演出かもしれない。

小津の墓をはじめて訪れたのは十数年前、晴れてはいるが風のつめたい晩秋だった。ふっと山中の墓が重なった。「無」が〈空っぽ〉に応えていると思った。山中の無念の思いに殉じている、そんな気がした。

岸松雄は「小津と山中と、そのどちらがしあわせだったかわからないが、いまごろは天国において酒をくみかわし、例によって酔うほどに『鏡花泉鏡太郎先生は古今の文宗なり』を愛誦し、

『さんま、さんまにがいかしょっぱいか』を朗吟しているに違いない」（岸、前掲文）と追憶した。

＊1　岸松雄「山中貞雄」『日本映画人傳』（早川書房）より引用。
＊2　八尋不二『百八人の侍　時代劇と45年』（朝日新聞社）より引用。
＊3　竹中労『鞍馬天狗のおじさんは　聞書アラカン一代』（ちくま文庫）より引用。
＊4　伊丹万作「人間山中」千葉伸夫編『監督山中貞雄』（実業之日本社）より引用。
＊5　私家版『小津安二郎君の手紙』五九年九月二十八日付の吉田与蔵宛より引用。
＊6　岸松雄「追憶・山中貞雄」『映画評論』四一年九月号〈監督山中貞雄〉より引用。
＊7　田坂具隆「監督昇進から三十五年」『キネマ旬報』六〇年十二月増刊号より引用。
＊8　「五番町夕霧楼」には原爆で天涯孤独になった廓の女（しめぎしがこ）が雷鳴を異常に怖がるシーンがある。
＊9　伊丹万作「戦争責任者の問題」『伊丹万作全集一』（筑摩書房）より引用。
＊10　『東京朝日新聞』三九年八月十九日夕刊より引用。
＊11　山中貞雄の映画を企画していた黒木和雄監督は九四年NHK「わが映画、わが故郷――黒木和雄・中国の旅」撮影時に、山中が没した野戦病院跡の土くれを持ち帰り大雄寺の墓石下に埋めた。

あとがき

　はじめて「東京物語」を見た十八歳のころは、家庭用ビデオもない時代だから、映画を見るとは即、映画館（映写設備のある場所）に出かけることだった。

　名画座やフィルムセンターを中心に、年間数百本を見まくる都内の映キチ（オタクという言葉もなかった）が組み立てる鑑賞スケジュールは自然とそろい、約束しなくても顔を合わせることが多くなる。〈フィルムセンター最多有料鑑賞者〉を自認した田中眞澄さん（一九四六〜二〇一一）もその一人だった。

　本稿執筆にあたり、多くの関連図書資料を参考にさせていただいたが、特に田中さんの地道な収集、丹念な調査による編著書の数々は『全発言』『小津日記』『語録集成』『蓼科日記』と略記するほどだった。これらがなければ書けなかった。感謝するばかりである。

　私が十八歳、田中さんが二十七歳のころからの知りあいとはいえ、会えば軽くあいさつする程度で、思い出を語れるほど特に親密な間柄ではなかった。それでも私が七年間の大阪勤務から東京に戻ったときは、小津の愛した酒「ダイヤ菊」がある新橋の飲み屋でのお帰りなさい会に参加いただいたり、フィルムセンター帰りに近くの酒場に誘われたり、京都の山中忌で二次会までご一緒したこともあった。〈小津研究の第一人者〉と呼ばれることにはとまどいがあり、本当に書きたいのは内田吐夢と田坂具隆だと言われていた。『蓼科日記』校訂途中の急逝が惜しまれてならない。もっと話を聞いておけばよかった。つくづく思う。

本稿のポイントをひと言でいえば「従軍体験と山中貞雄、この二つの影を背負って、小津は戦後を生きた」ということになろうか。天国の田中さんが読まれたらどう思われるだろう。ちょっとこわい。私は小津の享年ばかりか、田中さんの享年も超えてしまった。

小津がらみで個人的な発見が一つ。

「東京物語」はじめ多くの小津映画の美術を担当した濵田辰雄（一九〇七～八三）が、わが愛媛県出身というのは以前から知っていたが、南予の喜多郡肱川町予子林の生れとわかった（愛媛県生涯学習センターDB「えひめの記憶」）。この肱川を下った盆地の町が、私の実家のある大洲市。大洲（おおず）はOZU。二〇〇五年に肱川町は大洲市に編入され、濵田辰雄も私と同郷、OZUの人になったことが単純にうれしい。小津は、松阪の宮前尋常高等小学校で代用教員をしたとき生徒から「オーヅ先生」と慕われたという。

『キネマ旬報』連載では、編集部の明智恵子さん、素敵なイラストを添えていただいた青山タルトさんにお世話になりました。

出版にあたっては、元河出書房新社の田中優子さんのお力ぞえと、編集の西口徹さんの丁寧かつ厳密なご指導をいただきました。装幀の友成修さんとは、私が大学生のころからのおつきあい。私の最初の本『シネマ個性派ランド』（共著・キネマ旬報社、一九八一年七月）から続くご縁。皆様に感謝いたします。

二〇二一年晩夏

尾形敏朗

＊本書は、『キネマ旬報』連載「晩秋、小津安二郎」
（二〇一七年一月上旬号〜二〇一八年二月上旬号）
を改訂加筆したものです。

尾形敏朗

（おがた・としろう）

1955年、愛媛県大洲市に生れる。早稲田大学教育学部卒業後、博報堂入社。主にCMプランナーとして勤務のかたわら映画評論活動。定年退職後はフリー。著書に『巨人と少年——黒澤明の女性たち』（文藝春秋、第19回キネマ旬報読者賞）などがある。

小津安二郎　晩秋の味

二〇二一年一一月二〇日　初版印刷
二〇二一年一一月三〇日　初版発行

著　者——尾形敏朗
発行者——小野寺優
発行所——株式会社河出書房新社
〒一五一-〇〇五一
東京都渋谷区千駄ヶ谷二-三二-二
電　話——〇三-三四〇四-一二〇一［営業］
〇三-三四〇四-八六一一［編集］
https://www.kawade.co.jp/
組　版——有限会社マーリンクレイン
印　刷——モリモト印刷株式会社
製　本——小泉製本株式会社

ISBN978-4-309-29170-3
Printed in Japan

松岡ひでたか・著

小津安二郎の俳句

日本が世界に誇る映画監督・
小津安二郎は俳句を愛し、
また折に触れて作句した。
自作映画のモンタージュ手法
とも関連する、生涯にわたる
二百余句をすべて掲載、
生活史の中で丁寧に鑑賞する。
全国学校図書館協議会選定図書。

河出書房新社